DIREITOS HUMANOS NO BRASIL

Desafios à democracia

L435d   Leal, Rogério Gesta
     Direitos humanos no Brasil: desafios à democracia /
Rogério Gesta Leal. — Porto Alegre: Livraria do Advogado; Santa Cruz do Sul: EDUNISC, 1997.
     176 p.; 14x21 cm.

     ISBN 85-7348-050-5 (Liv. Advogado)
     ISBN 85-85869-19-4 (EDUNISC)

     1. Direitos humanos. 2. Direitos e garantias indivi-
duais. 3. Estado de direito. I. Título.

CDU 342.7

Índice para catálogo sistemático

Direitos e garantias individuais
Direitos humanos
Estado de direito

(Bibliotecária responsável: Marta Roberto, CRB 10/652)

Rogério Gesta Leal

DIREITOS HUMANOS NO BRASIL

Desafios à democracia

Editora da Universidade de
Santa Cruz do Sul

© Rogério Gesta Leal, 1997

Capa
Rudinei Kopp

Projeto gráfico e diagramação de
Livraria do Advogado / Valmor Bortoloti

Revisão de
Rosane Marques Borba

Direitos desta edição reservados por
LIVRARIA DO ADVOGADO Ltda.
Rua Riachuelo, 1338
90010-273 Porto Alegre RS
Fone/fax: (051) 225 3311
E-mail: liv_adv@portoweb.com.br
Internet: http://www.liv-advogado.com.br

Em co-edição com
EDUNISC - Editora da Universidade de Santa Cruz do Sul
Av. Independência, 2293
96815-900 Santa Cruz do Sul
Fone: (051) 717-7461 - Fax: (051) 717-1855
E-mail: edunisc@editora.unisc.br
Internet: http://www.unisc.br

Editora
Paula Camboim de Almeida

Comissão editorial
Luiz Augusto C. a Campis - Presidente
Helga Haas, Maria Hoppe Kipper, Paulo R. Marcolla Araújo,
Eltor Breunig, Paula Camboim de Almeida,
Liana M. Kipper e Sérgio Schaefer

UNISC - Universidade de Santa Cruz do Sul
Reitor
Wilson Kniphoff da Cruz

Vice-Reitora
Helga Haas
Pró-Reitor de Pós-Graduação, Pesquisa e Extensão
Luiz Augusto C. a Campis
Pró-Reitora de Graduação
Elizabeth R. Lara
Pró-Reitor de Administração
Vilmar Thomé

Impresso no Brasil / Printed in Brazil

Agradecimentos

É sempre muito difícil o momento de agradecimentos referente à confecção de um texto, pois, por certo, não haveria espaço para homenagear a todos que, de forma direta ou indireta, contribuem na sua elaboração.

Entretanto, alguns registros se fazem necessários, por absoluto senso de justiça. Dentre eles, o agradecimento à Universidade de Santa Cruz do Sul e ao Departamento de Direito, ao qual tenho a honra de pertencer e dirigir neste momento. O auxílio financeiro que a instituição garantiu às minhas pesquisas nos últimos três anos sobre o tema Direitos Humanos e Estado Democrático, proporcionando consultas em centros de estudos no Brasil, na Argentina e no Uruguai, foram de imprescindível importância para chegar ao final do trabalho.

Também se faz necessário o registro do apoio da Universidade Nacional de Buenos Aires e da Universidade Notarial Argentina, e seus pesquisadores, Dr. Eduardo Ángel Russo , Dra. Teodora Zamujo e Dr. Jorge Luis Salomoni, amigos e cúmplices na trajetória da constituição de um espaço efetivamento público de cidadania.

Registro uma homenagem especial ao professor Dr. José Luis Bolzan de Morais, que apresenta este trabalho, pelo companheirismo e lucidez de sua produção teórica em torno do Estado e da Democracia, bem como à minha assistente, Mônia Clarissa Hennig, pela paciência dedicada ao trabalho de investigação científica.

Ao Professor Dario Hennig, pela dedicação na revisão geral do texto.

Ao meu pai, Clóvis A. Leal, homem de seu tempo, e aos meus filhos, Matheus e Bruno, em tempo de serem homens, por tudo que sou e desejo ser.

Por fim, agradeço a todas as vozes expressas e silentes que compõem minha formação teórica e científica, em constante e eterna maturação.

Prefácio

O tema dos Direitos Humanos é uma discussão permanente na agenda de todos aqueles que nos ocupamos do Direito, bem como precisa ser uma preocupação cotidiana dos cidadãos, pois a tomada de consciência acerca deste tema representa um compromisso social inarredável.

Temos que ter presente que, da mesma forma que o desenvolvimento tecnológico propõe novas possibilidades de viver, ele aponta possibilidades cuja perversão muitas vezes sequer somos capazes de perceber.

Por isso, é preciso que não percamos de vista nunca o referencial próprio desta temática e compartilhemos daqueles que têm a coragem de apontar os riscos presentes e futuros, bem como não sonegar o passado - negro - que fomos muitas vezes obrigados a ultrapassar. Não será com o esquecimento que construiremos uma sociedade capaz de viabilizar uma vida digna para todos os seus membros.

A historicidade dos direitos humanos - como refere Norberto Bobbio (*in* A Era dos Direitos) - referenda esta compreensão na medida em que nos mostra a imprescindibilidade de sua constante adequação às novas realidades. Não fosse assim, não falaríamos nas suas diversas gerações, as quais procuram dar conta das contradições que cercam a vida social. Partimos de uma geração de *direitos universais inidividuais*, posto que apropriados individualmente - quais sejam, v.g., os direitos de liberdade negativa -, para chegarmos àqueles que poderíamos nominar de *direitos universais universais*, posto que inapropriáveis individualmente - v.g., aqueles ligados ao meio ambiente -, sem esquecermos das tradicionais liberdades positivas.

Não foram sem perdas estas transformações. Muitos pereceram e muito se conquistou. Portanto, não se pode olvidar o passado com a desculpa de construir o futuro, bem como não se pode pretender negar este. É por isso que a luta pelos Direitos Humanos faz parte da luta pelo reforço e continuidade do Estado Democrático de Direito e de suas garantias, não se podendo aceitar paralisado as tentativas de colonizá-los a partir de uma pretensa eficácia econômica sem face.

Não é por demais referir o debate que acompanha estes dias, quando da vinda a público da capacidade humana de produzir seres vivos através de procedimentos de clonagem de células - o que, se por um lado, permite supor a liberação de muitos males que atingem a humanidade, por outro, abre as portas para o risco de poder-se construir um exército de robôs humanos.

Como fazer face a esta capacidade dialética - para usar um termo que caiu em desuso e desgraça com o fim dos socialismos reais - que envolve emancipação e opressão? Mais uma vez será necessário o recurso à constituição e construção de um conjunto de garantias que permitam a elaboração de premissas jurídico-políticas próprias para a satisfação das pretensões fundamentais dos seres humanos.

Ou seja, o desafio dos Direitos Humanos nos propõe uma duplicidade: a de termos presente uma visão histórica de seus confrontos que permita compreendermos o seu caráter de universalidade e indispensabilidade e a de buscarmos a sua constante redefinição que viabilize a perpetuidade de sua generalidade.

É, também, indispensável que se repise o vínculo inarredável entre Democracia e Direitos Humanos. Nossa história, particularmente a da América Latina, é prenhe de exemplos que justificam nossa apreensão. Sempre que o autoritarismo se instala, são os Direitos Humanos que sofrem as conseqüências mais funestas.

Em razão disso, é sempre fundamental que tenhamos a capacidade de revisitarmos esta temática, não apenas com o objetivo acadêmico de buscarmos elucidar novas interrogações, mas, e fundamentalmente, de revigorarmos a convicção de sua indispensabilidade.

É nestas duas perspectivas que trabalha o autor.

Esta segunda obra de Rogério Leal - a primeira foi "Teoria do Estado: cidadania e poder político na modernidade", publicada por esta mesma editora - referenda esta preocupação do pesquisador. Poder-se-ia dizer que é um texto que busca a reflexão teórica acerca da problemática dos Direitos Humanos, ao mesmo tempo em que reflete sobre as particularidades brasileiras. É um estudo que pretende contribuir com aquilo que apontamos acima: o debate teórico jurídico-político, sem esconder as marcas de tragédias vividas.

Sobre a contemporaneidade do tema não há que se falar. Os Direitos Humanos são sempre contemporâneos, são sempre passado, presente e futuro, são sempre direitos das presentes e futuras gerações (para usar a linguagem de nossa Carta Constitucional de 1988).

Da mesma forma, há que se deixar fixada a indispensabilidade do debate acerca do tema do Estado Democrático de Direito, conceito que, incorporado ao texto constitucional vigente, importou na consagração, nem sempre bem vista por nossos juristas e políticos, de um ideário compatível com a pretensão à construção de uma sociedade justa e solidária - vide texto original da Constituição Portuguesa, art. 3º -, o que conflitua com o desiderato de transformar nossa Lei Fundamental em corolário do programa de governo do mandatário atual.

Por todos estes, entre outros, motivos, particularmente pela argúcia no trato de tão árduo conteúdo, é que merece ser compartilhado este trabalho, com os devidos temores frente às ameaças sempre presentes, mas, sobretudo, com a satisfação de percebermos que não somos ainda clones de nós mesmos, muito menos daquilo que pretendem que sejamos.

Santa Maria, RS, abril de 1997.

Dr. Jose Luis Bolzan de Morais
Prof. de Direito e Procurador do Estado do RS

Sumário

Introdução 13

Capítulo I

Direitos Humanos e Estado Democrático 19
1. A Questão dos Direitos Humanos: uma conquista política . 19
   1.1. Origem histórica dos Direitos Humanos: o modelo
      greco-romano 19
   1.2. A filosofia cristã e o feudalismo 24
   1.3. A experiência inglesa e a americana 28
   1.4. A Revolução Francesa e os Direitos Humanos 33
2. Considerações filosóficas sobre os Direitos Humanos 37
   2.1. O jusnaturalismo como primeira referência teórica ... 37
   2.2. Ética e Direitos Humanos 43
   2.3 Significações e sentidos dos Direitos Humanos....... 54
3. Direitos Humanos, Democracia e Estado 57
   3.1. O desenvolvimento político dos Direitos Humanos
      na Europa............................ 57
   3.2. O constitucionalismo social e os Direitos Humanos .. 61
   3.3. A questão da democracia 68
4. Critérios distintivos dos Direitos Humanos na sociedade
   contemporânea 78
   4.1. As gerações dos Direitos Humanos 78
   4.2. O reconhecimento internacional dos Direitos Humanos 84
   4.3. Espécies de Direitos Humanos 93

Capítulo II

A idéia de Estado Democrático de Direito na teoria política
contemporânea 99
1. Qual Estado Democrático de Direito? 99
2. A democracia contemporânea 107
3. O Estado de Direito na América Latina 113

Capítulo III

A violação dos Direitos Humanos no Brasil e as condições e
possibilidades do Estado Democrático de Direito   121
1. A violação dos Direitos Humanos no Brasil   121
2. A Constituição de 1988 e os Direitos Humanos   127
3. Condições e possibilidades de um Estado Democrático de
Direito no Brasil   139

Considerações finais   151

Bibliografia   171

Introdução

Ninguna historia es definitiva. Ninguna historia es objetiva. Esta tampoco. A gruesas y nerviosas pinceladas bosquejamos un cuadro de situación para dar fondo y permitir el realce de la anécdota principal, de la figura del centro: el nacimiento de los derechos humanos.[1]

O presente trabalho que se apresenta ao público, como bem aponta Eduardo Russo, pretende ir ao encontro da história brasileira que envolve os Direitos Humanos. Para tanto, não se pretende, em um primeiro plano, demonstrar nada, simplesmente mostrar, relatar fatos que, agrupados artificialmente, busquem transmitir, mais que uma informação, um sentimento.

Falamos, na verdade, de sentimentos, motivações plurais de crença e esperança na constituição de um plano ideal de democracia, debatido ao longo do texto, experiência tão pouco tradicional e cara ao povo brasileiro, usualmente esquecido pelas pautas públicas de prioridades no processo de desenvolvimento social[2].

Quando nos referimos aos direitos humanos no Brasil, não podemos pensar em realidades estanques, compartimentadas, mas a partir de uma ótica e história universalizada e contextualizada, oportunizando a retomada das práticas autoritárias de um modelo de mercado e Estado e dos comportamentos omissivos das

[1] Russo (1991: p.25)

[2] Este esquecimento pode ser trabalhado, e o é, por princípios de política jurídica, referentes da idéia de justiça ou o princípio da felicidade social, desenvolvida, por exemplo, por Alf Ross (1988)

instituições representativas da sociedade, dentre elas, a própria classe advocatícia.

Impossível pensarmos a democracia brasileira sem enfrentar o tema dos direitos humanos; impossível falarmos em Estado Democrático sem encarar o desrespeito pela dignidade da vida humana que se estabelece neste país, em todos os níveis e quadrantes; impossível tratarmos do tema Estado Democrático de Direito, a despeito da função social dos operadores jurídicos.

Aliás, em um país com tantas desigualdades, é inviável conter o desrespeito à vida humana sem uma política social de médio e longo prazo, que resolva alguns problemas crônicos de organização social. Em outras palavras, uma política desta natureza deve ser entendida não como uma espécie de política de segurança nacional que garante o privilégio de alguns poucos, mas sim como uma política de promoção e respeito ao ser humano, em que o Estado se comprometa sim em constituir e garantir uma infra-estrutura econômica propiciadora da justiça social.

Como já advertira João Ricardo Dornelles[3]:

"Se não se tem vontade política de realizar reformas sociais sérias, contando com a participação popular nas decisões, estaremos apenas reproduzindo o atual quadro de crise social e formando hoje os crimes do futuro".

Veja-se que a Constituição brasileira de 1988, em seu Título I, tratando dos princípios fundamentais que a informam, assevera, no art.1º, que:

"A República Federativa do Brasil, formada pela união indissolúvel dos Estados e Municípios e do Distrito Federal, constitui-se em Estado Democrático de Direito e tem como fundamentos:

---

[3] Dornelles (1989: p.61)

...

III- a dignidade da pessoa humana;".

No art. 3º, a Carta Política esclarece que constituem objetivos fundamentais da República Federativa do Brasil, entre outros, o de erradicar a pobreza e a marginalização e reduzir as desigualdades sociais e regionais; promover o bem de todos, sem preconceitos de origem, raça, sexo, cor, idade e quaisquer outras formas de discriminação, inscrevendo ainda como princípio de relações internacionais a prevalência dos direitos dos humanos.

Ora, se a sociedade brasileira, no seus andares constitucionais, elege direitos que são erigidos à condição de princípios norteadores, universais da ordem política, econômica e social: a soberania, a cidadania, a dignidade da pessoa humana, os valores sociais do trabalho e da livre iniciativa e o pluralismo político, entende-se que tais princípios e objetivos só podem ser efetivamente conquistados e perseguidos se forem conduzidos a partir de um compromisso efetivo com as previsões estabelecidas na Carta Política, mesmo que em um primeiro nível formal ainda, junto de um Estado identificado com o bem público de toda esta sociedade e não de apenas uma mínima parcela dela.

Para tanto, mister é que:

"O Estado, preocupado com a soberania (aptidão para determinar suas próprias decisões), com a cidadania (exercício legal dos direitos da pessoa), com a dignidade da pessoa humana (consciência de seu próprio valor), com a qualificação social do trabalho - atribuição de valor, na sociedade, pelo exercício profissional remunerado, com a livre iniciativa (atividade privada, de fim lucrativo, liberta da intervenção pública, mas preocupada com o bem comum) e com o pluralismo político (livre distribuição dos cidadãos por todas as correntes de atividade política, conforme queiram criá-las ou subdividi-las, admita e fomente a realização de objetivos fundamentais). Estes, definidos na Constituição (art. 1º), tomados em seu conjunto, constituem normas de cunho ideal, cuja utilidade jurídica está na determinação de critérios auxiliares, interpretativos do texto constitucional."[4]

Em razão destas motivações é que nosso texto surge, enfrentando, no primeiro capítulo, como os direitos humanos são forjados na história do Ocidente e de que forma ele estabelece conexão com a idéia de Estado Democrático. Para tanto, avaliamos o fenômeno político que gerou toda a conformação dos direitos humanos e os fundamentos filosóficos que os estruturam; discutimos, em uma primeira aproximação, as formas de relação que estes direitos estabelecem com a Democracia e com o Estado, bem como alinhamos algumas diretrizes para demarcar os contornos dos direitos humanos no presente.

No capítulo segundo do trabalho, preocupamo-nos com a idéia de Estado Democrático de Direito tão festejada pela Constituição de 1988 no Brasil e como tem se dado, em sua história recente, o tratamento aos direitos humanos. Para esta reflexão, faz-se necessário estabelecer alguns significados para a idéia de Estado Democrático de Direito na teoria política contemporânea, para, em seguida, abordarmos as formas de violação daqueles direitos no Brasil, e, diante disto, quais as condições e possibilidades do Estado Democrático de Direito.

Queremos ratificar com este pequeno trabalho que não basta escrevermos na lei que todos têm direito à vida, e que nascem iguais, e que são livres; porém, é necessário, mais do que depressa, que se garantam verdadeiramente as condições para o exercício destes direitos enunciados, sob pena de se inviabilizar a mantença de um pacto social mínimo que proporcione a

---

[4] Ceneviva (1991: p.42)

segurança jurídica e mercadológica para o desenvolvimento das aspirações corporativas e sociais de classes, aspiração da burguesia pós-moderna ou neoliberal brasileira. Este desafio não é só do Estado e dos setores marginalizados, mas fundamentalmente das elites nacionais, hoje ameaçadas em seus ganhos e tranqüilidade familiar e, portanto, impelidas/coagidas a participar da construção de um novo contrato social, garantidor dos direitos humanos fundamentais.

Capítulo I

Direitos Humanos e Estado Democrático

1. A questão dos Direitos Humanos: uma conquista política

1.1. Origem histórica dos Direitos Humanos: o modelo greco-romano

Quando se enfrentam determinados tópicos ou matérias que envolvem questões históricas e filosóficas, é importante delimitar quais os referenciais teóricos do tema e como eles são construídos a partir de determinado contexto político, econômico e social.

O conceito de direitos humanos é, pela tradição no Ocidente, tratado principalmente pelo marco do direito constitucional e do direito internacional, cujo propósito é construir instrumentos institucionais à defesa dos direitos dos seres humanos contra os abusos de poder cometidos pelos órgãos do Estado, ao mesmo tempo em que busca a promoção de condições dignas da vida humana e de seu desenvolvimento. Isto se explica em razão do período histórico em que se inicia o debate sobre o tema.

Esta forma de encarar a questão dos direitos humanos, sem dúvida, proporciona uma das bases importantes de assentamento dos objetivos pelos quais esta problemática obtém espaço político nos tempos atuais, a

DIREITOS HUMANOS NO BRASIL
Desafios à democracia

saber: que os direitos humanos constituem um conceito jurídico; que os direitos humanos dizem respeito tanto ao homem como ao cidadão; que os direitos humanos protegem o indivíduo que não está em conflito com o Estado, pois este existe unicamente através de seus órgãos.

Entretanto, não basta tão-somente enfrentar sob este ângulo o assunto, pois insuficiente para fundamentar premissas necessárias à justificativa da proposta.

Mister é que se busque uma historicização da matéria, sublinhando em que condições e por que motivos o Ocidente se preocupa com os direitos humanos.

Parece ser consenso entre os historiadores que as origens mais antigas dos direitos fundamentais da pessoa humana se encontram nos primórdios da civilização, abarcando desde as concepções formuladas pelos hebreus, pelos gregos, pelos romanos, e pelo cristianismo, passando pela Idade Média, até os dias de hoje.

A postura filosófica dos hebreus (cosmovisão) e sua religião monoteísta irrompem uma profunda alteração nas crenças e convicções do mundo antigo: e, considerando sua situação de povo perseguido e discriminado, tem uma singular importância na delimitação do tema "direitos fundamentais da pessoa humana".

A lei mosaica, com os Dez Mandamentos, constitui, a despeito dos aspectos religiosos, um autêntico código de ética e de comportamento social, cujo cumprimento identifica um conteúdo e uma prática voltada aos direitos humanos mais tarde protegidos. A própria Bíblia tem um conteúdo essencialmente humanista, a partir de um marco religioso presente na cultura greco-romana, consolidou-se no cristianismo.

Com a dispersão do povo hebreu por todo o mundo, a nova concepção de homem e de Deus tem uma divulgação e proliferação significativa. Mesmo com a dominação que os judeus sofrem do império Persa, com Ciro II; de Alejandro Magno e do Império Romano, conseguem manter firmes os princípios emanados da Bíblia, mesmo considerando-se aspectos culturais e conjunturais, como o caso das guerras e a escravidão[5].

Relativiza-se a exceção do tratamento dado aos inimigos em caso de guerras quando se recorda que os hebreus casavam-se com mulheres estrangeiras, e que sofrem na própria carne perseguições, discriminações e intolerâncias explícitas, até o genocídio da segunda guerra mundial, e depois dela, dentro do próprio Estado de Israel, quando a sociedade toda se militariza em razão dos constantes ataques contra ele proferidos[6].

Já o povo grego especula sobre a vida humana e suas potencialidades, inscrevendo na História uma concepção nova de existência, voltada para um humanismo racional. Esta racionalidade lhe propicia enfrentar os fatos da vida com discernimento e objetividade, buscando implementar a idéia de liberdade política.

A liberdade de que se fala não é sinônimo de autogoverno; antes, é o hábito de viver de acordo com as leis da cidade[7], leis estas que louvam a liberdade, colocando-a como condição de cidadania e hombridade.

Da mesma forma, o sistema de assembléia deliberativa das coisas do governo apresenta um modelo de

---

[5] Neste particular, importante o registro de Travesso (1993: p. 26): "Algunos autores han llegado a considerar que la esclavitud de los derrotados era una expresión de magnanimidad".
"Los hebreos respetaron en gran parte los derechos de los extranjeros, y la Biblia lo dice en el Éxodo y en el Levítico en los siguientes pasajes: 'Y no angustiareis al extranjero; pues vosotros sabéis como se halla el alma del extranjero, ya que extranjeros fuisteis en la tierra de Egipto'; 'Y cuando el extranjero morare contigo en vuestra tierra, no le oprimiréis. Como a un natural de vosotros tendréis al extranjero que peregrinar entre vosotros y ámalo como a tí mismo; porque peregrino fuiste en la tierra de Egipto."

[6] Como toda a história tem de ser lida de acordo com suas peculiaridades e elementos próprios, não há como se utilizar o parâmetro do povo hebreu nos dias atuais para falar de direitos humanos, principalmente quando se sabe os horrores que se praticam entre palestinos e hebreus.

[7] Tem-se presente aqui quem os gregos consideravam cidadãos, eis que uma cultura escravagista (o escravo é considerado uma *res*) e discriminatória no que tange às mulheres e aos estrangeiros.

administração dos interesses públicos inovador, que, além de oportunizar a participação efetiva dos cidadãos, delimita as prioridades e atos a serem cumpridos pelas autoridades públicas.

"Es evidente que los griegos no adoptaban un criterio estricto para la protección de los derechos humanos, limitados a la participación en la polis y isentos de los requisitos de la generalidad y de la universalidad. Pero, de todos modos, sin la unión y descubrimiento de la razón, el império de la ley y la libertad política hubiera sido imposible para el desarrollo y afianzamiento posterior de los derechos humanos."[8]

Na verdade, em razão do respeito que os gregos nutrem pela pólis, declinam tratamento de urbanidade para com os estrangeiros, garantindo inclusive a segurança deles.

Por outro lado, sabe-se que empregam muitas vezes a tortura como método político de constrangimento e judicial, enquanto pena. Nos procedimentos da guerra, geralmente o vencido é torturado, inclusive publicamente, buscando-se com isto o respeito e a demonstração de supremacia e força. Tais práticas, entretanto, podem ser compreendidas - e não justificadas - ao se considerarem as práticas costumeiras de contendas bélicas envolvendo territórios e propriedades.

No momento em que se registra este paradoxo entre filosofia/cultura e práticas políticas, verifica-se com clareza que a grande contribuição do povo grego à questão dos direitos humanos se dá no âmbito das idéias: de liberdade política, racionalidade, princípios de moralidade universal e dignidade humana.

É de se ver, por oportuno, a postura de alguns autores que consideram terem surgido os direitos huma-

---

[8] Travesso (1993: p. 59).

nos com o direito natural grego. Para tanto, citam Sófocles:

> "Según Sófocles, cuando Creonte reprocha a Antígona haber dado entierro a su hermano pese a tenerlo prohibido, Antígona replica que ha actuado según las leyes no escritas e inmutables de los cielos."[9]

Sobre os romanos, responsáveis pela sedimentação da lei como instrumento maior de regulação social, a questão dos direitos humanos também passa pelas premissas do Direito Natural, compreendendo-se melhor a idéia de direitos naturais do homem, pois a civilização conta com ferramentas jurídicas para informar e formar a organização social.

A cultura militarista e pragmática dos romanos serviu aos direitos humanos como forma de exemplo (negativo) do seu desrespeito institucionalizado.

Pode-se dizer que, desde o modelo escravagista de Roma, passando pela impunidade de setores privilegiados da sociedade - patrícios - e pela discriminação dos plebeus, o direito romano possui sempre um componente de desigualdade, diminuído talvez no *ius civile*, que regula as relações jurídicas entre pessoas de análogo *status* social e político[10].

Os avanços jurídicos e políticos que surgem em Roma, os quais podem aproximar-se de garantias de direitos individuais, são conquistados a duras penas e sob pressão popular, como a luta dos plebeus em busca de uma maior igualdade com a nobreza; a designação dos tribunos da plebe; a conquista de leis que nivelam um pouco as posições sociais - Doze Tábuas e assim por diante.

---

[9] Vasak (1984: p. 37).

[10] Sem dúvidas que se pode citar o direito romano das gentes como exceção à natureza injusta do ordenamento jurídico da época, pois este se fundava sobre pressupostos do direito natural.

Ferindo ainda mais os direitos naturais, a nobreza romana consegue construir a figura jurídica do *Crimen Magestatis*, definindo como crime político determinados atos de insatisfação social e popular, instaurando-se a doutrina da segurança do Estado, que é, na verdade, a segurança do governo e do príncipe.

Assim,

> "el aporte de los romanos a los derechos humanos, fue el de la técnica jurídica para su protección: el derecho morigerado con las reglas estoicas de los griegos bajo los enfoques pragmáticos de Cicerón, Séneca y Marco Aurélio, que en combinación adecuada sirvieron de base para la transformación de los conceptos por medio del cristianismo."[11]

1.2. *A filosofia cristã e o feudalismo*

Com o cristianismo, de forma mais ou menos intensa, conforme uns ou outros historiadores, no que tange aos direitos humanos, há singular alteração de enfoque filosófico e social.

Os princípios de igualdade e fraternidade preconizados pela doutrina cristã representam um momento de ruptura com o modelo de sociedade até então existente. Sustentar que inexistem diferenças entre amos e escravos significa alterar as regras do jogo, não só morais, mas também econômicas.

O cristianismo, por conter uma mensagem universalmente compreendida, representa um código de posturas e condutas humanas que priorizam direitos fundamentais, num nível de abstração que os generaliza sem discriminações sociais.

Estendendo-se geograficamente por todo o mundo, alcança a todas as classes sociais, não se caracterizando

---

[11] Travesso (1993: p. 32).

como uma religião da plebe, mas de todos os indivíduos na face da Terra, em respeito ao princípio antropológico de que os homens são criados à imagem e semelhança de Deus.

Da invasão dos bárbaros nos territórios romanos e da própria queda do Império Romano, passando pela Idade Média, nada é acrescentado de significativo na idéia ou mesmo proteção dos direitos humanos e fundamentais, até porque este período é demarcado por guerras e investidas militares envolvendo questões territoriais e patrimoniais.

Com o tempo, estas relações entre senhores e servos vão-se alterando, por diversas causas, entre elas, as Cruzadas. Destas alterações, por volta do século V, é visível a reorganização dos núcleos habitacionais, surgindo aglomerações urbanas que se desenvolvem durante o império romano, depois destruídas pelas invasões bárbaras, mas resgatadas no final da Idade Média, oportunizando o surgimento de um modelo de relação mais democrática entre poder e cidadãos.

> "Las ciudades, por uno u otro medio iban obteniendo exenciones de impuestos extraordinarios, cese de privilegios y establecimiento convencional de obligaciones."[12]

Este fato representa um crescimento na abordagem dos direitos fundamentais dos homens, eis que no âmbito da cidade os assuntos de interesse da comunidade atingem de forma mais direta a quem nela reside, estimulando a participação, o debate sobre os negócios públicos e um autogoverno nas denominadas comunas, municipalidades e cidades livres.

Afirma Travieso[13] que estas comunas detêm amplos poderes, gerenciando a coerção e a justiça, deliberando através de regedores, alcaides, etc; e, em alguns casos,

---

[12] Travesso (1993: p. 44).

[13] Op. cit., p. 44.

DIREITOS HUMANOS NO BRASIL
Desafios à democracia

chegam a estabelecer relações de servidão com outras cidades ou pessoas, restaurando as antigas prerrogativas do senhor feudal.

Em tempos remotos, parece que a melhor forma de se garantir a existência e o respeito aos direitos fundamentais do homem é controlando o poder instituído e governante, tentando minimizar os desmandos de reis e príncipes inconseqüentes.

Neste contexto, reis e senhores feudais estabelecem entre si pactos políticos, fixando direitos e obrigações, com especial ênfase à matéria financeira.

Na Espanha, o sistema de proteção dos direitos humanos começa com a implementação de assembléias representativas denominadas Cortes, que, integradas pelo clero, fidalgos e burguesia ascendente, tentam impor limitações ao poder real que se manifesta por vezes exacerbado, principalmente quando reconhecidas pelos acordos laterais prefalados.

De outra parte, mister é que se diga que os acordos firmados entre os reis e os senhores feudais - conhecidos como *fueros* na Espanha - reconhecem, inicialmente para a nobreza e o alto clero, certos direitos, depois estendidos aos habitantes das cidades. Estes direitos se apresentam como precedentes das declarações do século XVIII.

No reino de Aragão, no século XII, encontram-se dois institutos jurídicos que têm a finalidade de proteger tanto a liberdade quanto a propriedade, a saber: a justiça de Aragão e as reclamações de agravo (Greuges). O primeiro instituto faz as vezes de uma magistratura judicial e política, enquanto o segundo é utilizado para viabilizar a efetiva proteção da propriedade e liberdade, inclusive de atos do próprio rei e de seus oficiais que atentarem contra estes direitos.

Não bastasse isto, ainda há uma Justiça Maior, composta de um magistrado, com direito de decisão sobre as pessoas, exercendo uma proteção ante as violências exercidas por qualquer outro magistrado.

Ou seja, já se pensa na época que a implementação de determinadas políticas de governo deverá vislumbrar/ter como pressuposto a proteção dos direitos fundamentais do homem, sendo necessária a existência de instrumentos efetivos de asseguramento a tais prerrogativas[14].

Já as Côrtes de Castilha têm atribuições mais ousadas à época, pois é de sua competência reduzir gastos do rei e ditar normas determinando que os convidados reais comam menos. A justiça de León proíbe a privação da liberdade sem ordem de juiz competente, enquanto outros estabelecem princípios de proteção dos direitos humanos, anteriores à Carta Magna de João sem Terra, de 1215.

Enfim,

"todo este proceso constitutivo de los derechos humanos establecido en las culturas hispánica, francesa y anglosajona, también tuvo el aporte del derecho romano renacido, del derecho canónico y de los aportes germánicos. La influência se extendió no sólo al ámbito personal, sino también a la doctrina constitucional del poder, a la formulación de la voluntad popular por medio de la participación, al ejercicio del autogobierno y por tanto a la constitución fundacional, de los dos ejes que en el futuro serían las bases para los derechos humanos: la democracia y la autodeterminación."[15]

Diante dos métodos utilizados na Idade Média de hegemonia do poder real, quase todos baseados na intimidação e na forte repressão de condutas não deseja-

---

[14] Travesso dá notícia de que existira também em Aragão outro instituto denominado de *Fuero de Aragón*, visando a proteger a liberdade e a propriedade. Os privilégios sob comento existiram de 1123 até 1707, quando Felipe V os suprimiu. Este sistema consistia em uma postulação do interessado dirigida à justiça de Aragão para que esta atendesse sua demanda. Op. cit., p. 45.

[15] Travesso (1993: p. 46).

das pela nobreza, a tortura é um instrumento constantemente utilizado nesta política governamental, principalmente contra adversários de idéias e opiniões, obtendo confissões forçadas e legitimada pelo aparato jurídico trazido do direito romano.

Na França, a tortura se institucionaliza nas Ordenações de 1498 e de 1539, a despeito de existirem decisões judiciais que rejeitam as confissões obtidas através da tortura.

A mudança deste quadro se dá a partir dos séculos XVIII e XIX, com a humanização dos processos e as garantias processuais penais, influenciada pelos pressupostos do direito natural[16], este mesmo direito que fora maturado com as influências dos gregos, com o pragmatismo romano e as doutrinas do evangelho cristão.

A matriz do direito natural aqui é bem diferenciada da que os teóricos do contratualismo vão utilizar para enfrentar a questão dos direitos humanos. No Medievo, os direitos fundamentais são apresentados como reconhecidos em razão da compreensão mútua entre os indivíduos de sua necessidade, de forma espontânea, abençoada pela bondade do Rei.

O clero da Idade Média consegue, de certa forma, moderar os costumes da época, limitando as mazelas da guerra e seus efeitos e, em muitos casos, atua como instrumento de tutela dos direitos da pessoa, apesar dos excessos da inquisição.

1.3. A experiência inglesa e a americana

No período conturbado do século XIII, irrompe a rebelião dos senhores ingleses contra as arbitrariedades papais, especialmente no movimento de maio de 1215,

---

[16] "Según ese criterio, dominante en la Edad Media, todas aquellas normas tales como leyes, sentencias judiciales, o decretos, etc, que violaren la ley natural, eran nulas y sin efecto." - Travesso (1993: p. 51).

no governo de João sem Terra, resultando num pacto e juramento da Carta Magna de 1215. Este documento, ao menos na história do Ocidente, vem sendo considerado como um dos grandes monumentos jurídicos de proteção dos direitos fundamentais, pois prevê profundas limitações ao poder real.

Este documento jurídico e político também determina a proibição do confisco de bens, devendo os oficiais reais pagar pelos objetos que desejem o preço que fixarem seus donos; há, todavia, que se dar maior relevo ao fato de ter sido estabelecido o princípio de que a pena é o resultado de uma lei anterior que define o crime praticado, devendo ser fundamentada em uma sentença legal. Os homens livres não poderão ser detidos senão em razão de determinação legal.

Além disto, garante-se a liberdade de crença, o direito de propriedade e o direito de ir e vir; e, para assegurar a observância das obrigações previstas, constitui-se uma comissão fiscalizadora integrada por barões. E, uma vez comprovada a violação de algum direito por parte do rei, esta comissão terá direito de apoderar-se da propriedade real até a reparação dos danos causados.

É importante se ter em conta que:

> "en los aspectos de fondo el aporte de la Carta Magna no fue original, y que sus disposiciones no se extendieron a la generalidad de las personas, pues se limitó su aplicación a la Corona, la iglesia y los señores feudales."[17]

Com a formação do Parlamento em 1239 e o enfrentamento de Enrique III, violando os estatutos de Oxford, com Simon de Montfort (defensor dos interesses de um núcleo social privilegiado), a criação da Câmara dos Comuns vai dar uma feição nova ao debate político da Inglaterra, oportunizando a generalização de alguns

---

[17] Travesso (1993: p. 57).

direitos ditos fundamentais a uma parcela maior da comunidade, que se pode identificar como uma burguesia em ascensão.

Até o surgimento da Idade Moderna e seus teóricos políticos, as noções de direitos e direitos fundamentais estão limitadas pelo contexto da Idade Média, marcada pela transição do poder, das mãos centralizadoras do Rei para o seu séquito e para uma nova classe social: a burguesia. Isto significa dizer que as prerrogativas sociais existentes são os privilégios conquistados por uma pequena parcela da população: direito de propriedade, de livre empresa, de comerciar, entre outros.

Os conceitos de liberdade e de igualdade são forjados nesta realidade, buscando contemplar os interesses políticos e econômicos do período.

Já na Idade Moderna,

> "la mayoría de los autores consideran los derechos humanos como derechos naturales, los mencionados derechos humanos son contratos establecidos por el Estado con la población y, principalmente, con la nobleza. Se considera que estos contratos preservan ciertos derechos del hombre al impedir que el Estado interfiera en el ejercicio de tales derechos."[18]

Volta-se à referência dos teóricos contratualistas para demarcar uma primeira aproximação moderna sobre os direitos humanos. A partir destes pensadores, a idéia é a de que os homens, para saírem de seu estado de selvageria, deverão pactuar comportamentos e condutas individuais e coletivas, renunciando a alguns direitos naturais para preservar outros, como: a vida, a propriedade, a liberdade e a igualdade.

---

[18] Szabo (1984: p. 40).

Tais direitos preservados constituir-se-ão como eternos e inalienáveis, vinculando todo o sistema social e estatal para que os observem e protejam. Assim, para esta escola, os direitos humanos estão relacionados com a natureza básica do homem, da qual derivam. Em outras palavras, os homens já nascerão livres, iguais, dignos, em decorrência de uma razão natural, o que significa dizer que os direitos dos indivíduos à vida, segurança, liberdade, etc, existirão independentemente de seu reconhecimento pelo Estado (os direitos são um ideal).

Como se percebe, estes direitos fundamentais preconizados pela escola do direito natural e pelo próprio movimento teórico que inaugura a Idade Moderna não contam, imediatamente, com instrumentos mais objetivos e explícitos de proteção e previsão.

A preocupação de construir elementos mais sólidos para a efetivação dos direitos humanos vai começar a ser enfrentada no transcurso dos três grandes movimentos revolucionários que o Ocidente presenciará a partir do século XVII: a revolução inglesa, com seu auge em 1688, a americana, em 1776, e a francesa, em 1789.

A revolução inglesa nasce do antigo e permanente confronto entre Rei e Parlamento, resultando no triunfo deste, exteriorizado na Declaração dos Direitos - *Bill of Rights* - de 1688. Tal documento, entre outras coisas: reconhece como ilegal a faculdade que tem o rei para suspender leis ou dispensá-las de seu cumprimento, assim como requerer dinheiro à Coroa sem o consentimento do Parlamento; ratifica as liberdades tradicionais dos ingleses, como a de peticionar ao monarca e eleger os representantes do Parlamento; proíbe a cobrança de fianças ou multas excessivas, bem como a aplicação de castigos cruéis e desumanos[19].

---

[19] A Declaração da Virgínia recepcionou esta orientação, tendo-a inscrito na Constituição Americana.

Alguns autores entendem que:

> "el proceso que llevó a la emancipación de los establecimientos ingleses en el Nuevo Mundo es natural consecuencia del anterior, sin olvidar - además - que en casi todos aquellos encontraba amplia acogida el principio del autogobierno (*self-government*), dotado de una cierta raíz religiosa."[20]

De qualquer sorte, os antecedentes e a causa mais próxima, motivadora da declaração de independência, diz respeito à resistência dos colonos em aceitar leis e disposições que, a seu critério, violam velhos princípios de direito público inglês, como o de que não há tributação sem representação (já declarado na Carta Magna).
Neste sentido, M. J. Heale:

> "Nas décadas de 1760 e 1770, muitos homens de categorias mais humildes - artesãos, comerciantes, marinheiros, pequenos agricultores e outros - igualmente se opunham de forma ativa às exigências britânicas, muitas vezes por verem, eles também, aquelas medidas como um golpe tanto em seus interesses econômicos quanto em suas liberdades constitucionais."[21]

Em 20 de junho de 1776, a Convenção de Virgínia sanciona o que se pode considerar como a primeira declaração de direitos em sentido moderno, expressando: que todos os homens são por natureza igualmente livres e independentes, possuindo certos direitos inerentes, dos quais, quando ingressam no estado social, não podem, por nenhum contrato, privar-se ou deles abrir mão, como o gozo da vida e da liberdade, os meios de adquirir e possuir a propriedade, perseguir e obter a felicidade e segurança; afirma a separação dos poderes como premissa fundamental de organização do Estado;

[20] Padilla (1993, p. 40).

[21] Heale (1991, p. 25).

a liberdade de imprensa; o direito do acusado de conhecer a causa de sua detenção e ser julgado rapidamente por juízes imparciais; que nenhum homem pode ser privado de sua liberdade, senão segundo a lei do país ou segundo o juízo de seus pares.

A Declaração da Independência ocorre em 04 de julho de 1776, contendo uma mensagem de natureza política, econômica e cultural, inspirada na teoria dos direitos naturais e na idéia de contrato social, proclamando direitos já veiculados pela Declaração de Virgínia e agregando outros, como o de insurreição contra governos que abusem de seus poderes.

A idéia que se tem de governo neste período histórico vem fundamentada em algumas premissas teóricas edificadas pelo iluminismo, principalmente na fonte dos contratualistas, como Hobbes, Locke e Rousseau.

1.4. A Revolução Francesa e os Direitos Humanos

No final do século XVIII, a realeza concentra em suas mãos todos os poderes políticos e econômicos imagináveis em grande parte da Europa e, conseqüentemente, na França também. Neste país, os denominados Estados Gerais - parlamento -, a despeito de formados pela própria nobreza, clero e povo, não são convocados desde 1612.

As guerras externas, que acarretam perdas de territórios, dívidas e descontentamento popular, aumentam os gastos da corte e da administração desorganizada, inchada de funcionários. Soma-se a isto a irregularidade na cobrança dos impostos, bem como a falta de escrituração e organização do orçamento.

Diante deste quadro, as categorias sociais existentes convivem com profundas desigualdades de fato, pois a nobreza detém diversos direitos (caça, tribunal privativo, isenção de impostos, acesso aos cargos públicos, posse de grandes fortunas), o clero, também (tribunal privativo, isenção de impostos, direito de explorar o ensino e opinar sobre assuntos políticos, econômicos e administrativos), enquanto o terceiro estado - burguesia, artesãos e camponeses - não possui regalias.

Não bastassem os elementos acima citados, a nova classe social em ascendência, a burguesia, enfrenta dificuldades para expandir seus negócios, em razão da infra-estrutura emperrada do modelo ainda antigo e feudal de organização social, com o sistema das Corporações de Ofício, que oprime a indústria em evolução devido ao monopólio das companhias de comércio, os impostos exagerados, etc.

Enfim, a situação econômico-financeira da França é desastrosa, como se pode perceber do relato de Travesso:

> "La villa tenía una calle pobre, con su pobre cervecería, pobre tintorería, pobre taberna y pobres establos donde descansaban los caballos de postas, una fuente pobre y como era usual, pobres posadas... Todo su pueblo era pobre...los signos manifiestos de lo que causaba su pobreza no faltaban, los impuestos para el Estado, para la iglesia, para el señor, los impuestos generales y locales."[22]

Assim é que, em reunião dos Estados Gerais no dia 05 de maio de 1789, os representantes do povo protestam contra a determinação de se fazer votar por ordem e exigem que se proceda à votação por cabeça, em comum, pelas três ordens unidas, momento em que se constitui a Assembléia Nacional Constituinte.

Daí até a tomada da bastilha, em 14 de julho de 1789, segue-se a supressão dos privilégios feudais (04.08.1789) e a Declaração dos Direitos do Homem e do Cidadão, em 26 de agosto de 1789.

---

[22] Travesso (1993: p.134).

Pode-se afirmar que é a miséria popular, como resultado de uma contextualização mais global, enquanto fator que agride o direito à vida digna, que dá origem ao processo revolucionário francês, unificando uma série de reivindicações.

Com a Assembléia Legislativa de 1791, inicia-se um processo de democratização do poder, cujo conteúdo teórico e de princípios vai ser buscado na literatura clássica sobre o tema, principalmente em Rousseau.

Como sustentado anteriormente, Rousseau é um dos teóricos da Idade Moderna que logra ir além dos outros pensadores do iluminismo, pois introduz a concepção democrático-burguesa de exercício do poder político. O contéudo da democracia rousseauniana se enquadra nas circunstâncias históricas tanto do movimento americano de emancipação como no caso da Revolução Francesa de 1789, nas quais a burguesia aparece no cenário político-social como uma classe revolucionária em luta contra o absolutismo feudal, capaz de aglutinar em torno de seus próprios projetos um enorme contingente de setores populares, possibilitando condições para uma ruptura com o antigo regime e instituindo uma nova ordem.

Assim, há uma tendência em se conceber as declarações de direitos do século XVIII como pressupostos axiomáticos divulgados, antes, pela filosofia, e transformados em fundamentos de uma organização política, intitulada de justa e racional. Não apresentando, no que se refere à técnica, forma de artigos de leis precisos e executórios, estas declarações possuem uma conotação acentuada de princípios.

Na própria França, quando da divulgação da Declaração de Direitos do Homem e do Cidadão (DDHC), aqueles que a redigem

"eram conscientes de que iriam produzir um texto simplesmente dogmático, através de repetição, sob forma concisa e popular, das verdades divulgadas pela filosofia que impregnava o espírito dos homens da época."[23]

Assim, no art. 4º da DDHC, encontra-se a determinação de que a liberdade consiste em fazer tudo o que não prejudica a outrem, isto é, o exercício dos direitos naturais de cada indivíduo concilia-se com todos aqueles que têm, também, todos os membros da sociedade, como portadores dos mesmos direitos. Alguns deles reportam-se aos interesses materiais dos indivíduos: a liberdade individual não é somente o direito de ir e vir livremente, de permanecer no território nacional ou dele sair, mas o que os homens do século XVIII chamam de segurança, no sentido das garantias contra as prisões e penalidades arbitrárias; a propriedade individual; a inviolabilidade de domicílio privado; a liberdade de comércio, de trabalho e de indústria.

Nos demais dispositivos destas declarações, principalmente a francesa, pode-se facilmente perceber a orientação burguesa de suas conformações. Os direitos individuais apresentam, todos eles, um caráter comum: limitam os direitos do Estado, mas não lhe impõem qualquer serviço positivo ou prestação em benefício dos cidadãos. O Estado deve abster-se, para deixar livre a atividade individual/burguesa, sendo que o indivíduo nada deve reclamar, tanto que, entre estes direitos, não são enumerados, por exemplo, o direito à assistência, à instrução, ao trabalho, como reivindicações que o cidadão possa apresentar ao Estado.

As assembléias da Revolução Francesa, ao elencarem direitos de natureza coletiva ou social como direitos públicos e políticos[24], ofertam o preâmbulo da Constituição de 1791, que é contemplado na nova teoria constitu-

---

[23] Baracho (1991: p.277).

[24] Direitos Políticos aqui como sendo aqueles que oportunizam a participação dos cidadãos no governo, na administração, na justiça, através do Júri e pelo sufrágio político.

cional construída pela sociedade moderna, pois as constituições posteriores passam a conter uma declaração desses direitos.

2. Considerações filosóficas sobre os Direitos Humanos

2.1. O jusnaturalismo como primeira referência teórica

Um dos principais fundamentos dos direitos humanos, ao longo da história do Ocidente, é o jusnaturalismo, corrente ideológica que tenta explicar o fenômeno jurídico no contexto das sociedades liberais.

Desde o seu alvorecer até princípios do século XIX, pode-se dizer que toda a filosofia do Direito é tratada pela doutrina do Direito Natural, e, este, no percurso do tempo, manifesta-se de diversas formas e matizes.

Ensina Radbruch[25], por exemplo, que o direito natural da antigüidade gira em torno da antítese: natureza/normas[26]; o da Idade Média, em torno da relação: direito divino/direito humano[27]; o dos tempos moder-

---

[25] Radbruch (1979).

[26] Lembre-se aqui a história de Antígona, de Sófocles, quando se recusa a obedecer às ordens do rei, porque julga que, sendo ordens da autoridade política, esta não pode sobrepor-se às dos deuses.
Da mesma forma o debate dos sofistas sobre a natureza da Lei, entre eles, Calicles, Hípias, Antifonte, etc.

[27] A Idade Média desenvolveu a doutrina de um direito natural que se identificava com a lei revelada por Deus a Moisés e com o Evangelho. Com S. Tomás de Aquino, no século XIII, apesar da resistência das correntes voluntaristas (Guilherme de Occam), ficou evidenciada a tese já enunciada por S. Agostinho, de que uma lei positiva, contrária ao direito natural, é injusta, não se constituindo numa verdadeira lei e, portanto, não obrigando os homens.
É de se ter presente, nesta doutrina, sua motivação política: estabelecer uma resistência às leis do Estado que colidiam com os interesses da Igreja.

nos, em torno da antítese: direito positivo/razão indivi-dual[28].

Verifica-se na História que o Direito Natural, em alguns momentos, apoiou o direito positivo, porém, em outras oportunidades, combateu-o. De qualquer sorte, o Direito Natural possui alguns traços fundamentais que podem ser alinhados da seguinte forma:

"1º) Todas estas concepções do Direito natural nos fornecem certos juízos de valor jurídico com um determinado conteúdo. 2º) Esses juízos de valor jurídico têm sempre como fonte, ou a Natureza, ou a Revelação, ou a Razão, universais e imutáveis. 3º) Tais juízos são acessíveis ao conhecimento racional. 4º) Tais juízos, uma vez fixados, devem preferir às leis positivas que lhes forem contrárias; o direito natural deve sempre prevalecer sobre o direito positivo."[29]

Em outras palavras, significa dizer que este Direito Natural tem validade em si, é anterior e superior ao direito positivo, por isto deve prevalecer sobre a norma positivada.

Na história da filosofia do direito, o jusnaturalismo vem apresentado pelo menos por três matrizes políticas e teóricas, já citadas de forma indireta por Radbruch: a) a de uma lei estabelecida por vontade da divindade e por esta revelada aos homens; b) a de uma lei natural em sentido estrito; c) a de uma lei ditada pela razão, especí-

---

[28] Parece que é com a obra de Hugo Grócio, *De iure belli ac pacis* - 1625 - que surgiu a idéia moderna de jusnaturalismo, asseverando que o direito natural é o fundamento de um direito que pode ser reconhecido como válido por todos os povos, ditado pela razão e independente não só da vontade de Deus como também da sua própria existência. Tal direito tem sua fonte de validade assentado na conformidade da razão humana.

Este jusnaturalismo moderno, eminentemente racionalista, vai ter influência direta sobre a produção teórica dos filósofos dos próximos séculos (Locke, Pufendorf, Wolff, Rousseau, Kant, etc), bem como demarcará um modelo de preocupação jurídica, principalmente no âmbito do direito internacional.

[29] Radbruch (1979: p. 62).

fica do homem que a encontra autonomamente dentro de si.

O que possuem de comum tais concepções é o pressuposto da existência de um sistema de normas logicamente anterior e eticamente superior ao do Estado, a cujo poder fixa um limite intransponível, o que significa dizer:

> "as normas jurídicas e atividade política dos Estados, das sociedades e dos indivíduos que se oponham ao direito natural, qualquer que seja o modo como for concebido, são consideradas pelas doutrinas jusnaturalistas como ilegítimas, podendo ser desobedecidas pelos cidadãos."[30]

Direitos inatos, estado de natureza e contrato social, embora diversamente entendidos pelos diversos pensadores da idade moderna, são categorias próprias do jusnaturalismo, encontrando-se tais institutos em grande parte da doutrina do direito natural dos séculos XVII e XVIII.[31]

Por outro lado, não se pode olvidar a forma ingênua com que o jusnaturalismo avalia a própria história da humanidade, pelo fato de dar importância quase exclusiva à razão como elemento de desenvolvimento e

---

[30] Bobbio (1993: p. 656).
Neste sentido, a contribuição de Carlos S. Nino é ilustrativa, senão vejamos: "El iusnaturalismo puede caracterizarse por la defensa de dos tesis fundamentales: a) que hay principios que determinan la justicia de las instituciones sociales y establecen parámetros de virtud personal que son universalmente válidos independientemente de su reconocimiento efectivo por ciertos órganos o individuos; b) que un sistema normativo, aun cuando sea efectivamente reconocido por órganos que tienem acceso al aparato coactivo estatal, no puede ser calificado como derecho si no satisface los principios aludidos en el punto anterior."- Nino (1989: p. 16).

[31] O Estado, neste pensamento, tem a sua justificação racional desvinculada da história, pois fundada no contrato que lhe é imanente e legítima na medida em que se amolda aos termos racionais do próprio contrato, isto é, o Estado, para ser legítimo, devia se apresentar como se, em cada momento de sua existência, nascesse do contrato.

DIREITOS HUMANOS NO BRASIL
Desafios à democracia

organização social[32], deixando de lado os aspectos políticos e econômicos da sociedade de então.

Mesmo no âmbito filosófico, a crítica kantiana da razão teórica demonstra que a razão não se constitui de um instrumental de categorias acabadas e perfeitas, nem tampouco de preceitos de moral ou estética aptos à aplicação imediata, mas, ao contrário, ela é um meio de se chegar até esses conhecimentos e normas. Em outras palavras, tais conhecimentos e normas se apresentam como um resultado da aplicação da razão aos dados provenientes da experiência, motivo por que terão uma validade limitada a estes dados, e não universal ou geral.

Neste aspecto, adverte Radbruch:

"certamente, poderemos conservar, se quisermos, a expressão Direito Natural, para designar com ela este conceito puramente categorial dum direito justo. Mas nesse caso não devemos deixar de separar, rigorosamente, esta noção como a de um direito natural de conteúdo variável ou de um direito cultural, da noção de um direito eterno e de conteúdo imutável."[33]

No campo das ciências morais, é ilustrativa a posição de Aristóteles, na Ética a Nicômaco[34], segundo a qual, no conhecimento do justo e do injusto, não é possível atingir a mesma certeza a que chega o raciocínio matemático:

"Cada tipo de afirmação, portanto, deve ser aceito dentro dos mesmos pressupostos; os homens instruídos se caracterizam por buscar a precisão em

---

[32] Carlos Santiago Nino, sobre o tema, diz que "los juristas racionalistas intentaron formular detallados sistemas de derecho natural, cuyas normas básicas, de las cuales se inferían lógicamente las restantes, constituían supuestos axiomas autoevidentes para la razón humana, comparables a los axiomas de los sistemas matemáticos."- Nino (1993, p. 29).

[33] Radbruch (1979: p. 65).

[34] Aristóteles (1992: p. 18).

cada classe de coisas somente até onde a natureza do assunto permite, da mesma forma que é insensato aceitar raciocínios apenas prováveis de um matemático e exigir de um orador demonstrações rigorosas."

Desta forma, as especulações do jusnaturalismo contribuem para que se identifique o direito natural material a um direito natural formal[35], isto é, a sua legitimidade e justiça com a sua positividade ou vigência. Em outras palavras, esta escola filosófica lega à cultura jurídica do Ocidente, entre outras premissas, a de que não se conseguirá assegurar ao direito positivo uma legitimidade independente, ao lado da do direito natural, motivo por que é necessário que se admita a absorção daquele por este - da realidade pelo valor, da ciência jurídica pela filosofia jurídica.

Revela-se diante disto o direito natural como um modelo conveniente às legislações positivas da modernidade, oferecendo um meio de levar a cabo uma reforma que não responda só ao espírito inovador da época, mas satisfaça igualmente as exigências práticas e técnicas de então[36], todas vinculadas ao projeto de desenvolvimento estabelecido pela burguesia ascendente.

Estas demandas estão vinculadas à ruptura do modelo do direito comum romano/justiniano, que não mais dão a esperada certeza e estabilidade às emergentes relações sociais e econômicas. O jusnaturalismo, com uma teoria de um direito absoluto e universalmente válido, porque ditado pela razão, é capaz de oportunizar a edificação das bases doutrinais para uma reforma racional da legislação.

---

[35] Conforme Lask (1992: p. 64).

[36] Como adverte Bobbio (1993:p.659), a idéia de um sistema racional e universal de normas que se harmonizava com as tendências da cultura iluminista, tendente à racionalização e à sistematização de todos os aspectos da realidade e excludente das contribuições da tradição e da história, bem como de tudo aquilo que não parecesse ditado pela razão, se opunha de modo gritante à realidade da vida jurídica daquele tempo.

Com isto, a história demonstra o desenfreado processo de dogmatização do direito e o afastamento das perquirições filosóficas sobre temas agora positivados[37]. Por outro lado, a relação entre natureza humana e norma jurídica é um pilar significativo à instituição de alguns direitos mais tarde denominados de fundamentais.

Se se procura no jusnaturalismo um dos fundamentos dos direitos humanos, mister é que se tenha em conta a advertência de Bobbio, quando diz que

"il problema del fondamento di un diritto si prospetta diversamente secondo che si tratti di cercare il fondamento di un diritto che si ha o di un diritto che si vorrebbe avere."[38]

E, em seguida, afirma o autor:

"Non c'è dubbio che quando in un convegno di filosofi, e non di giuristi, come il nostro, ci poniamo il problema del fondamento dei diritti dell'uomo, intendiamo affrontare un problema del secondo tipo - diritto che si vorrebbe avere-, ovvero non un problema di diritto positivo, ma di diritto razionale o critico."[39]

Contudo, não se pode deixar de reconhecer que é das preocupações teóricas e filosóficas do jusnaturalismo, somadas a outros fatores, que se inspira a Declaração da Independência dos Estados Unidos da América, em cujos documentos se afirma que todos os homens são possuidores de direitos inalienáveis, como a vida, a

---

[37] "Com a promulgação dos códigos, principalmente do napolêonico, o jusnaturalismo exauria a sua função no momento mesmo em que celebrava o seu triunfo. Transposto o direito racional para o código, não se via nem admitia outro direito senão este. O recurso a princípios ou normas extrínsecas ao sistema do direito positivo foi considerado ilegítimo." Bobbio, op. cit., p. 659.

[38] Bobbio (1992: p. 5).

[39] Bobbio (1992: p. 6).

liberdade; assim também a Declaração dos Direitos do Homem e do Cidadão, de 1789, que proclama como direitos naturais a liberdade, a igualdade e a propriedade. Por outro lado, é também inegável que este movimento de insurreição, alicerçado no direito natural, tem como pressuposto de homem o burguês, tornando-se possível aos emancipadores das colônias inglesas na América apelarem para o sentido da liberdade dos homens e manter a escravidão negra. Ora, os negros não são burgueses, e, portanto, não constituem problema da ordem jurídica.

Assim, o que é natural e a natureza para os jusnaturalistas do século XVIII, é a vida burguesa; e, uma vez que se instalam no Estado e ordenam a sociedade segundo o modelo do mercado, nada mais há que mudar; toda tentativa de fazê-lo é antinatural.

Desta forma, o jusnaturalismo serve se justificar a autoridade que positiva o direito e a necessidade de haver direito; para tudo o mais, o jusnaturalismo é peça de museu[40].

2.2. Ética e Direitos Humanos

Em nível de fundamentos, falar de direitos humanos significa reportar-se ao lugar da filosofia, *locus* de problematização do saber e de perquirição sobre o ser. Ser como fundamento, como razão, como possibilidade. Significa enfrentar as possibilidades da existência humana e da autenticidade ou inautenticidade dessa mesma existência.

---

[40] Interessante verificar a posição de Lopes (1988: p. 30), quando afirma que "seria um erro pensar que o jusnaturalismo sucumbiu à idéia abstrata de justiça porque era a arma de combate da burguesia, que precisava de idéias assim para justificar a implantação do mercado concorrencial como eixo da sociedade, ou seja, aquela estrutura em que todos são igualados por força da mercadoria (produto) que se troca ou que se apropria. ... no fundo eles admitem o sistema de mercado como um dado natural e não como um dado histórico."

A preocupação ética (como devemos nos comportar ou o que devemos fazer), no que tange aos direitos humanos, está adstrita a determinados fundamentos que identificam opções e decisões como racionais, atrelados aos fins e objetivos do tema em questão.

Ocorre que mesmo estas posturas racionais podem advir como uma

> "razão que busca seus fundamentos no desejo, e o sistematiza em nome da autonomia, ou de uma razão que busca seus fundamentos na repressão, ou seja, da razão que racionaliza em nome da ordem e que produz a heteronomia."[41]

Uma ética que se pretenda coerente com as disposições filosóficias acima expostas parte da noção de que o fundamento dos direitos humanos nunca pode ser jurídico, mas pré-jurídico, eis que o direito positivo não cria tais direitas, apenas lhes outorga vigência.

Esta concepção afirma que existem exigências inerentes à dignidade humana e imprescindíveis para uma vida de acordo com ela. Portanto, os direitos humanos são direitos morais próprios a todas as pessoas e, em conseqüência, devem ser reconhecidos e tutelados por derivar daqueles pressupostos éticos.

Poder-se-ia dizer que o qualificativo moral é extremamente procedente, porque se parte de uma fundamentação ética, mas, ao mesmo tempo, pode implicar a limitação em números de direitos afetos aos direitos humanos, demarcando um espaço estreito de possibilidades destes, como sendo, por exemplo, os que estejam vinculados à idéia de dignidade humana. Da mesma forma, o qualificativo direito é pertinente, porque, para a efetiva e verdadeira realização dos direitos humanos, eles devem se traduzir em normas positivas.

Para os limites a que se propõe este trabalho, e em razão da multiplicidade de abordagens possíveis, de

---

[41] Pêpe (1988: p. 20).

forma sistemática, arbitra-se um *telos*, uma direção a ser problematizada: a teoria moral kantiana e, contemporaneamente, a modalidade de uma ética discursiva[42], como fundamentos e possibilidades dos direitos humanos.

Entre os doutrinadores de filosofia há um certo consenso sobre o fato de a filosofia kantiana mostrar que o homem, enquanto ser racional, existe como fim em si, e não simplesmente como meio. Por outro lado, os seres desprovidos de razão têm um valor relativo e condicionado, motivo por que são denominados de coisas.

Conclui-se que os seres racionais são chamados de pessoas porque sua natureza já os designa como fim em si, ou seja, como algo que não pode ser empregado simplesmente como meio e que, por conseguinte, limita na mesma proporção o arbítrio humano, por ser um objeto de respeito.

A partir desta reflexão, a pessoa humana se revela como um valor absoluto, porque sua natureza racional existe como um fim em si mesma, e o homem representa sua própria existência. Ocorre que este princípio racional que vale para mim - enquanto pessoa racional -, vale, ao mesmo tempo, como princípio objetivo para qualquer outra pessoa racional.

> "Y es Kant quien asimismo enseña que nadie me puede obligar a ser feliz a su modo (o como él imagina el bienestar de los otros), sino que cada qual puede buscar su felicidad personal como mejor le parezca, siempre que al hacerlo no lesione la libertad ajena."[43]

Surge daí o imperativo prático posto por Kant:

> "Age de tal sorte que consideres a humanidade, tanto na tua pessoa como na pessoa de qualquer

---

[42] Esta ética discursiva tomada como referencial de um agir comunicativo Habermasiano.

[43] Campos (1992: p. 78).

outro, sempre e simultaneamente como fim e nunca simplesmente como meio."[44]

A forma mais sensata de se aferir a racionalidade humana é exatamente pela conduta/comportamento dos indivíduos entre si. Este indicador vai apontar quais os parâmetros e pressupostos de justificação utilizados por determinado grupo social para pautar sua organização e desenvolvimento.

Na *Fundamentação da Metafísica dos Costumes*[45], obra que antecede à *Crítica da Razão Prática*, Kant elabora, entre outras coisas, a justificação de como se dá a passagem do conhecimento racional comum da moralidade ao conhecimento filosófico.

Este conhecimento filosófico se impõe porque é necessário que haja um referencial consistente à compreensão da natureza humana e seu destino na história da humanidade, isto para oportunizar um sentido às ações dos homens, pois,

"a inteligência, a faculdade de julgar, a coragem, etc., não são coisas boas absolutamente; seu valor depende do uso que delas se faça."[46]

Se é certo que o homem precisa de móveis para agir, e nenhuma ação procedente de um móvel advindo da sensibilidade merece ser qualificado como moral - e este atributo é necessário à justeza dos atos -, resta tão-somente ao homem pautar sua vida e relações por móveis ditados pela razão prática, com o fito de construir projetos e máximas que possam a todos servir (universais). São somente estas máximas - leis - as responsáveis pelas condutas que devem os indivíduos seguir, se desejarem perseguir uma boa vida.

---

[44] Kant (1992: p. 27).

[45] Kant (1974).

[46] Pascal (1983: p. 112).

"Kant, por tal caminho, evidencia que, por razões intrínsecas à nossa natureza de seres racionais, a vontade humana só podia ser inteiramente boa a pacto de uniformizar-se a um princípio capaz de mandar *in foro interiore* de maneira categórica. E era como dizer que o princípio obrigante não devia agir em nós de fora para dentro, ou então, por efeito da nossa mais baixa natureza sensorial, mas sim, de maneira absolutamente autônoma, em virtude da nossa mais alta racionalidade, e de modo a valer universalmente para toda a humanidade."[47]

A partir desta reflexão kantiana, forma-se na história do pensamento ocidental a convicção de que os direitos humanos têm origem não na ordem jurídica positiva, mas em um direito natural, ou seja, em um sistema normativo que se caracteriza pelo fato de que o critério segundo o qual certas normas pertencem a eles não se baseia em atos contingentes reconhecidos por certos indivíduos, mas em razão de sua justificação instrínseca.

É o que Carlos Nino[48] diz quando assevera que os direitos humanos são direitos morais que têm como referência a identificação de beneficiários pertencentes à espécie humana, deduzindo-se que todos os homens possuem um título igual a esses direitos, na medida em que todos exibem, no mesmo nível, essa propriedade relevante.

Já para o positivismo e o neopositivismo, desde Comte, Durkheim, Duguit e Kelsen, há uma certa negação do fundamento jurídico dos direitos humanos en-

---

[47] Galeffi (1986: p. 173).

[48] Nino (1989: p. 43).
Em seguida, Nino esclarece que "Esto quiere decir que los principios fundamentales de los que los derechos humanos derivan son categóricos, en el sentido de que ellos no condicionan la titularidad de tales derechos a la posesión de una u outra característica. Estes principios son *erga omnes*, o sea se aplican a todos y a todo." p. 45.

quanto objeto do direito positivado. E, para não submetê-los nem diluí-los na pura positividade, colocam as teorias jusnaturalistas como fundamento destes direitos questões voltadas à ética.

Esta postura do positivismo geralmente representa uma derivação do empirismo jurídico, que só se ocupa do direito efetivamente existente, revelando-se como uma reação contra as concepções racionalistas, principalmente quando rechaça a suposta capacidade da razão humana para descobrir as regras jurídicas, no que prefere ater-se ao dado, ao verificável pela observação e experiência.

O Direito, enquanto ordenamento jurídico, e os próprios direitos humanos, a partir desse referencial teórico, nascem de decisões humanas, absolutamente variáveis, pois dependem da evolução histórica das diversas sociedades e de seu contexto presente. Não existe aqui um problema de dever ser mas unicamente de ser.

"Para el positivismo jurídico, el único derecho que cuenta es el efectivamente sancionado, no pudiéndose hablar de otra justicia que la contenida en las normas vigentes."[49]

Acreditam os positivistas que o direito natural carece de determinadas precisões que são indispensáveis às normas jurídicas, motivo por que a crença que nele se forja é produto de uma posição metafísica, distante do mundo jurídico, e por isto inaceitável. Concluem, pois, que antes do processo de positivação jurídica não podem existir verdadeiros direitos, mas apenas expectativas dos mesmos.

As vertentes da escola positivista ou neopositivista, além de variadas, exteriorizam um quadro por demais limitado dos direitos humanos. Em Bentham e Austin,

---

[49] Padilla (1993: p. 29).

com o utilitarismo, encontra-se a desconsideração da valoração ética para atender ao que, empiricamente, se mostra como útil ou conveniente à sociedade - historicamente situada - definir como direitos humanos.

A escola historicista, por sua vez, sustenta que os direitos humanos são históricos, variáveis e relativos, em função do desenvolvimento de cada sociedade, centrando suas assertivas na convicção de que tal relatividade não autoriza a estipulação de qualquer valor ou pressuposto de caráter universal.

Percebe-se nitidamente a natureza reducionista da acepção positivista sobre os direitos humanos quando se enfrenta a contribuição teórica de Hans Kelsen.

Hans Kelsen é um operador de matemática pura que, instigado por seu pai, trilha os caminhos do conhecimento jurídico. Nesta jornada, influenciado pelas doutrinas ditas neokantianas das escolas de Baden e Marburgo, o pensador alemão opta pelos ensinamentos de Hermann Cohen, ilustre membro de Marburgo.

Buscando tratar o Direito como uma ciência que possa ser tratada com o rigor da matemática, Kelsen desenvolveu a Teoria Pura do Direito[50], obra revista em alguns pressupostos com um livro publicado após sua morte (19 de abril de 1973), chamado Teoria Geral das Normas[51].

Estas duas obras pretendem apresentar uma teoria geral do Direito positivo, dedicada a descrever o que é e como é o direito, adotando como princípio metodológico fundamental a pureza, ou seja, uma teoria jurídica

"purificada de toda a ideologia e de todos os elementos da ciência natural"[52].

---

[50] Kelsen (1984).

[51] Kelsen (1986).

[52] Kelsen (1984: p. 7).
Neste sentido, ver a crítica que Warat faz à teoria de Kelsen, em seu livro *A Pureza do Poder* (1983: p. 27).

Com esta perspectiva, o autor distingue as ciências da natureza das ciências sociais, afirmando que as primeiras são caracterizadas pelo princípio da causalidade, enquanto as segundas - que se referem à Ética e à Ciência Jurídica -, são regidas pelo princípio da imputação, o que infere dois mundos diversos entre si: o mundo do ser, que corresponde ao mundo dos atos de vontade criadores do Direito e a eficácia ou conduta efetiva correspondente à norma; e o mundo do dever ser, a que pertence a validade ou existência específica ou ideal da norma.

A postura de Kelsen proporciona algumas conclusões sobre os temas direitos subjetivos e pessoa humana.

Coerente com sua postura formal-positivista, o autor nega um direito subjetivo como entidade transcendente à objetividade jurídica. Comprometido com o conhecimento do direito como norma (dever-ser), entende o direito subjetivo como o próprio dever do outro, sendo que este é a própria norma, ou o ser-prescrito da conduta sancionada. Assim,

> "se se designa a relação do indivíduo, em face do qual uma determinada conduta é devida, com o indivíduo obrigado a essa conduta como direito, este direito é apenas um reflexo daquele dever."[53]

É desta forma que, a partir do conceito de direito reflexo, Kelsen constrói um outro significado de direito subjetivo, definindo-o como direito subjetivo em sentido técnico, que é o poder jurídico, conferido pela ordem jurídica, de alguém propor ação judicial em favor de seu direito reflexo. Tal como o dever jurídico, este direito subjetivo em sentido técnico é também uma norma jurídica, e não algo independente do Direito objetivo.

Dogmatizando ainda mais sua visão do direito e da relação que este tem com o homem, afirma o autor que a

---

[53] Kelsen (1984: p. 186).

pessoa física, identificada pela teoria tradicional com o sujeito jurídico, não é o homem enquanto portador de direitos e deveres, mas uma construção artificial da ciência jurídica, pois a ordem jurídica empresta ao indivíduo a personalidade jurídica no sentido de fazer da conduta humana conteúdo de deveres e direitos. Portanto, a pessoa física não é simplesmente indivíduo, uma realidade natural, mas a unidade personificada das normas jurídicas que obrigam e conferem poderes a um mesmo indivíduo.

Kelsen ainda concebe um outro sentido para a expressão direito subjetivo, sob a forma de direitos políticos tomados como a capacidade de influenciar na formação da vontade do Estado (produção da ordem jurídica). Entre estes direitos políticos estão incluídos os chamados direitos e liberdades fundamentais constitucionalmente previstos. Entretanto, para o autor, tais direitos não são considerados subjetivos, eis que não lhes corresponde nenhum dever jurídico, embora intervenham na produção jurídica, por exemplo, para ação de argüição de inconstitucionalidade visando a anular as leis que violem tais direitos e liberdades contemplados na Carta Política.

O direito subjetivo de um indivíduo, enquanto direito ou liberdade fundamental constitucionalmente garantida, é apenas

> "...o poder de intervir na produção da norma através da qual a validade da lei inconstitucional que viola a igualdade ou liberdade garantidas é anulada, quer por uma forma geral, isto é, para todos os casos, quer apenas individualmente, isto é, somente para o caso concreto."[54]

Pode-se concluir, pelo visto até agora, que não cabe no sistema jurídico kelseniano qualquer tipo de direito

---

[54] Kelsen (1984: p. 208).

DIREITOS HUMANOS NO BRASIL
Desafios à democracia

subjetivo que se caracterize como direitos humanos, como algo preexistindo ou existindo fora da ordem jurídica, isto é, que não seja norma ou dever jurídico.

Mister é que se tenha claros os perigos do argumento de que só se pode aceitar como direito fundamental aquele que é originado pela vontade dos legisladores, consubstanciada na norma geral (Constituição), pois isto, além de gerar um sistema essencialmente anti-humanista, em que a pessoa se resume a uma personificação - a personalidade jurídica atribuída ao indivíduo concreto é mera construção artificial da ciência do direito -, nega a existência de valores permanentes que pretendem fundamentar uma idéia de justiça, vinculada à dignidade da vida humana.

Assim, se os direitos humanos são considerados como direitos na medida que incorporados pelo ordenamento jurídico posto, há uma consideração que deve ser levada em conta antes de tudo e fundamentalmente: os direitos morais, isto é, exigências da ética a que a filosofia dos direitos humanos conveciona chamar de direito, isto porque o direito positivado não pode criar, aleatoriamente, um sistema próprio de direitos fundamentais.

Eusebio Fernández, em obra conceituada[55], assevera que:

"Con el término derechos morales pretendo describir la síntesis entre los derechos humanos estendidos como exigencias éticas o valores, y los derechos humanos entendidos paralelamente como derechos. El calificativos morales aplicado a derechos representa tanto la idea de fundamentación ética como una limitación en el número y contenido de los derechos que podemos comprender dentro del concepto de derechos humanos. Según esto, solamente los derechos morales, o lo que equivale a

---

[55] Fernández (1984: pp. 108-109).

decir los derechos que tienem que ver más estrecha-mente con la idea de dignidad humana, pueden ser considerados como derechos humanos fundamen-tales."

De uma certa forma, se um dos fundamentos incon-testáveis dos direitos humanos é o próprio homem, já que ele é sujeito de direitos, é interessante ter-se claro que qualquer fundamento destes direitos tem de estar voltado ao gênero humano. Neste âmbito, a dignidade humana é um referencial amplo e móvel que pressupõe e alcança todo e qualquer homem na condição de justifi-cativa do desenvolvimento da própria existência. Por isto, a procedência da afirmação de que os direitos humanos têm seu fundamento antropológico na idéia de necessidades humanas[56] básicas que possuem justificati-vas racionais para serem exigidas.

Negar a existência deste fundamento aos direitos humanos, significa aceitar como tal uma fundamentação exclusivamente empírica ou pragmática, que acredita provirem os direitos humanos de um consenso social[57] ou de uma estipulação jurídica, e que se configuram numa forma de proteger o homem frente às ameaças que o Estado representa para si e seus semelhantes.

Isto significa que, a qualquer momento, podem as instâncias/instituições sociais rever o tratamento dado aos direitos humanos, transacionando sobre seus limites e condições.

Tal discussão leva ao enfrentamento de se saber se os direitos humanos são apenas reconhecidos ou, ao contrário, são constituídos ou forjados.

A primeira hipótese pressupõe que existem direitos antes de seu reconhecimento, e, portanto, seu funda-

---

[56] Fernández (1984: p. 78). Também em Bobbio (1992).

[57] A interpretação de Habermas sobre a possibilidade de um discurso prático racional oportunizar o surgimento de uma aceitação social de determinadas pautas ou garantias parece ser utilizada nesta idéia.

mento se encontra fora da positividade e do próprio Estado; então poderia se encontrar no âmbito da ética, da natureza humana, do direito natural ou dos valores. A segunda hipótese parte do princípio de que os direitos humanos surgem e nascem quando acolhidos pelo direito positivo.

Para juristas como Gérman B. Campos,

> "no hay duda de que la instancia previa (o el fundamento) de los derechos que se incorporan a la positividad es una exigencia (ética o jurídica) cuyo deber ser ideal precisa de los hombres (em su conocimiento y en su realización), quando los hombres imprimen positividad a los derechos están haciendo simultáneamente dos operaciones: reconociendo aquella instancia previa de deber ser, y en seguimiento de ella constituyendo en positivos a los derechos que, hasta ese momento, realmente no eran positivos (por más que sean naturales o morales)."[58]

Por este raciocínio, o ingresso dos direitos humanos na esfera de positividade do ordenamento jurídico afigura-se como um reconhecimento ligado a suas fontes ou fundamentos legitimadores, que têm natureza metajurídica.

2.3. Significações e sentidos dos Direitos Humanos

Ter-se uma definição clara sobre o que se entende por direitos humanos é crucial ao desenvolvimento deste trabalho, tanto em razão da necessidade de tratamento linear e lógico do tema, como pelo fato de essa definição oportunizar a efetivação de uma teoria normativa do ordenamento jurídico, que informa as normas

---

[58] Campos (1992: p. 103).

que devem justificadamente ser reconhecidas por um Estado Democrático de Direito.

Parece que a expressão "direito do homem" se inscreveu na história do pensamento jurídico e político de forma muito vaga, tanto que, na opinião de Bobbio, a maioria de suas definições se apresentaram como meramente tautológicas:

> "Diritti dell'uomo sono quelli che spettano all'uomo in quanto uomo; diritti dell'uomo sono quelli che appartengono, o dovrebbero appartenere, a tutti gli uomini, o di cui ogni uomo non puó essere spogliato."[59]

Conclui o jurista italiano que, quando se enfrenta este tema, principalmente em nível de seu conteúdo e significado, não há como fugir da valoração discursiva[60].

A própria ciência jurídica e política dos últimos três séculos se encarrega de demonstrar que o significado dos direitos humanos sofrem profundas alterações conforme as ideologias que deles se ocupam.

Assim, vê-se que a tentativa de se obter um conceito de direitos humanos tem de levar em conta todos estes movimentos teóricos e sociais, verificados no campo da história e da realidade empírica dos povos, motivo por que esta categoria é efetivamente variável, principalmente em razão das demandas sociais e dos interesses corporativos, das lutas de classe, das transformações técnicas, e assim por diante.

É preciso que se alerte, todavia, que, se a concepção de direitos humanos depende de uma visão histórica, ou se dá historicamente, principalmente quando se refere às possibilidades de positivação jurídica de alguns direitos, há, na base desta história, um fundamento filosófico

---

[59] Bobbio (1992: p. 8).

[60] "Diritti dell'uomo sono quelli il cui roconoscimento è condizioni necessaria per il perfezionamento della persona umana oppure per lo sviluppo della civiltà ecc.ecc." Bobbio (1992: p. 8).

dos direitos humanos, centrado na natureza humana e na preservação, proteção e desenvolvimento digno de sua espécie.

> "In questo caso, non si dovrebbe parlare di fondamento, ma di fondamenti dei diritti dell'uomo, di diversi fondamenti secondo il diritto le cui buone ragioni si desidera difendere."[61]

O relativismo apresentado pelo autor italiano, na perspectiva deste trabalho, não se sustenta sem uma reflexão do que até aqui foi ponderado, principalmente sob os aspectos éticos e filosóficos, e adverte que alguns direitos tidos como absolutos e fundamentais ao homem servem para justificar posturas políticas e econômicas burguesas no desenrolar do modelo capitalista (direito sagrado à propriedade, à liberdade enquanto crença de que o indivíduo poderá progredir moralmente e promover o progresso material da sociedade).[62]

De qualquer sorte, para Bobbio, a despeito das transformações sociais existentes hoje, é inegável a existência de direitos humanos tanto no plano filosófico, como no jurídico e político, principalmente a partir do momento em que a maioria dos países ocidentais reconhecem formalmente, através de tratados internacionais e mesmo legislações constitucionais e infraconstitucionais, a necessidade de se proteger os direitos humanos[63].

Por fim,

> "non si tratta di trovare il fondamento assoluto - impresa sublime ma disperata - ma, di volta in volta, i vari fondamenti possibili. Senonché anche questa ricerca dei fondamenti possibili - impresa

---

[61] Bobbio (1992: p. 11).

[62] "Anzi è bene ricordare che storicamente l'illusione del fondamento assoluto di alcuni diritti stabiliti è stata di ostacolo all'introduzione di nuovi diritti, in tutto o in parte incompatibili con quelli." Bobbio (1992: p. 14).

[63] "Il problema di fondo relativo ai diritti dell'uomo è oggi non tanto quello di *giustificarli*, quanto quello di *proteggerli*. É un problema non filosofico ma politico." Bobbio (1992: p. 16).

legitima e non destinata come l'altra all'insucceso - non avrà alcuna importanza storica se non sará accompagnata dallo studio delle condizioni, dei mezzi e delle situazioni in cui questo o quel diritto possa essere realizzato. Tale studio è compito delle scienze storiche e sociali. Il problema filosofico dei diritti dell'uomo non può esserer dissociato dallo studio dei problemi storici, sociali, economici, psicologici, inerenti alla loro attuazione: il problema dei fini da quello dem mezzi."[64]

Em outras palavras, a questão não é tanto a de saber quais ou quantos são os direitos humanos, tampouco qual a sua natureza e fundamento, ou se são direitos naturais ou históricos, absolutos ou relativos, mas qual é o modo mais seguro para garanti-los e para impedir que, apesar das declarações e tratados internacionais, sejam violados continuamente.

Alguns passos políticos e práticos são dados visando a dar guarida aos direitos humanos no desenrolar da Idade Moderna, matéria que passa a ser analisada agora.

3. Direitos Humanos, Democracia e Estado

3.1. O desenvolvimento político dos Direitos Humanos na Europa

Nos períodos em que a sociedade moderna se depara com regimes de exceção e totalitários, fundados no terror e na coação desmotivada, os direitos humanos irrompem como forma de resistência e luta pela libertação.

Diante da experiência do exercício da violência organizada do Estado, desenvolve-se um conjunto de

---

[64] Bobbio (1992: p. 16).

comportamentos e discursos que, gradativamente, vão minando a lógica dominante, reivindicando o exercício pleno de certas salvaguardas já juridicizadas.

Neste sentido, é interessante verificar que a declaração francesa dos direitos do homem e do cidadão de 1789, assim como outros documentos surgidos posteriormente, fazem uma distinção entre, por um lado, os direitos do homem, e, por outro, os direitos do cidadão. Nestes textos, o homem é tratado como um ser a quem se imagina existir fora da sociedade, porque preexiste a ela; enquanto o cidadão é titulado como tal a partir da existência de uma autoridade (Estado) que o sujeita as suas normas.

Também por estes argumentos, os direitos do homem são naturais e inalienáveis, enquanto os direitos do cidadão são positivados. Os direitos humanos são direitos fundamentais pela própria razão de que existem antes do Estado, enquanto os direitos do cidadão estão subordinados e dependem deste.

Em termos históricos, entretanto e paradoxalmente, desde o advento da Revolução Francesa e logo após a execução de Luís XVI, os direitos fundamentais da vida e da liberdade são absolutamente desconsiderados pelo novo modelo de democracia, pois a convenção nacional de 1792 forma o Tribunal Revolucionário, encarregado do julgamento de processos políticos, que manda para a guilhotina as pessoas nominadas arbitrariamente como traidoras e/ou suspeitas de traição.

Organizada a Junta de Salvação Pública, com poderes ditatoriais e presidida por Danton, depois Robespierre, governa o país com expedientes de terror[65] e coação, fazendo perecer milhares de pessoas, entre eles, mode-

---

[65] Entre as pessoas torturadas e mortas, registram-se os nomes de Maria Antonieta, Luís XVII, Lavoisier, o poeta André Chénier, Bailly, e outros. No campo de Marte eram executados os inimigos da revolução nas chamadas grandes fornalhas, a tiro; outros eram afogados no Rio Loire, denominadas estas execuções de deportação vertical, conforme o livro de Manfred (1987).

rados, sacerdotes, aristocratas, burgueses, sem nenhuma oportunidade efetiva de defesa.

Desde o golpe do Brumário (09.11.1799), que substitui materialmente o modelo do governo diretorial da França, o império napoleônico vai firmando a velha tradição de governo monárquico, travestido de república, levando a toda a Europa um período de guerras constantes e violações aos direitos humanos.

É apenas com o Tratado de Viena, de 1815, que serve para acomodar as ambições burguesas dos países europeus atingidos por Napoleão, que os ataques aos direitos fundamentais dos homens já expressos em cartas políticas e internacionais vão diminuir um pouco, a despeito das maquinações políticas para a restauração dos poderes estatais, como a formação da Santa Aliança, o estabelecimento do direito de intervenção, o surgimento da doutrina de Monroe (1823), etc.

O panaroma dos Estados europeus, portanto, é o mais diversificado possível no período do surgimento dos direitos humanos como objeto de tutela jurídica e política. A França, atribulada desde a Revolução de 1789 e com os movimentos de 1830 e de 1848; a Europa Oriental, com a invasão da Turquia que invade países com o intento de aquinhoar maiores divisas econômicas; a Itália e Alemanha, sacudidas pelas seis guerras que se desenvolvem entre 1848 e 1870, visando à unificação de seus Estados; a expansão britânica e sua luta pela generalização dos direitos humanos.

Todos estes cenários envolvem o tema das nacionalidades marcado pelo movimento romântico de então, realçando sentimentos e culturas, e construindo algo denominado como espírito nacional. A questão dos direitos humanos surge como fomento à autodeterminação dos povos visando a constituir verdadeiros Estados independentes.

Daí em diante, a luta pelos direitos humanos se caracteriza pela exigência da extinção das práticas ilícitas do Estado, tacitamente legitimadas pelo poder instituído (assassinatos, desaparecidos, torturas, etc), assim como o respeito às garantias constitucionais. Soma-se a isto o fato de que tal conjuntura propicia um consistente e amplo processo de reflexão política sobre os destinos dos indivíduos em sociedade e o encaminhamento à transição democrática.

"Parece plausível, portanto, sustentar que estamos diante de um fenômeno novo, chamado a jogar um papel essencial no fortalecimento da legitimidade e da estabilidade dos nascentes regimes democráticos, vale dizer, funcionar como fundamento de uma forma 'boa' de governo, e por sua vez, como fator de dissuasão frente às ameaças de reedição do autoritarismo militar."[66]

Conforme o abordado anteriormente, em meados do século XIX, e como conseqüência das mudanças econômicas, políticas e sociais, a burguesia adquire direitos e exige participação nas decisões políticas.

No âmbito da revolução industrial, surge a classe operária, revelando a exposição de seres humanos a situações indignas de sobrevivência, sendo explorados pelos donos do capital e passando profundas necessidades, o que faz irromper problemas sociais ainda não vislumbrados pela modernidade.

Nova acepção tomam os direitos humanos diante das situações provocadas pela industrialização desenfreada da economia, elevando-se como exigência da grande maioria da sociedade e produzindo uma confluência de interesses da burguesia com a classe trabalhadora, em um primeiro momento, para, após a derrocada dos vestígios das monarquias centralizadoras, os interesses destas classes sociais tomarem direções opostas e colidentes.

[66] Gómez (1988: p. 78).

A concentração de renda e dos meios de produção nas mãos de uma parcela ínfima da sociedade revela uma divisão de classes na sociedade, enquanto a maior parte dela se vê alijada e desamparada por um Estado absenteísta, nos moldes da filosofia liberal clássica e do capitalismo.

Por conseqüência, a tomada de consciência da classe operária e o início de sua organização corporativa, iniciando um debate sobre a conjuntura econômica e principalmente política, tem um efeito de ampliar o rol de direitos fundamentais agora reclamados por significativa parcela da população.

Paralelamente a isto, o surgimento das idéias de Karl Marx e dos próprios socialistas utópicos no início do século XIX, como Babeuf, Saint-Simon, Charles Fourier, Etienne Cabet, Blanqui, etc, outorgam elementos novos à reflexão política sobre o contexto econômico, cultural e social da Europa, incitando os trabalhadores a reivindicar melhores condições de vida e trabalho.

"Desde o socialismo utópico ao chamado socialismo científico. Desde a conspiração de Babeuf aos assaltos da Comuna de Paris. Desde a fundação da Primeira Internacional à tomada do poder pelos bolchevistas russos, ... estes fatores de continuidade formam, portanto, no Ocidente, linha permanente de combate, com a qual se defronta, desde a Revolução Francesa até os nossos dias, o antigo Estado da burguesia ocidental."[67]

3.2. O constitucionalismo social e os Direitos Humanos

A referência indireta mais distante do conceito de questão social, justiça social e constitucionalismo social

---

[67] Bonavides (1980: p. 204).

se encontra nas profundas transformações econômicas e sociais operadas no Ocidente a partir da revolução industrial iniciada na Grã-Bretanha no final do século XVIII, amplamente estendida aos demais países europeus nos umbrais do século XIX.

Talvez as fontes mais importantes destas concepções se encontrem, de um lado, na doutrina formulada pela Igreja Católica em vários documentos pontifícios, a partir da encíclica *Rerum Novarum*, editada em 1891, pelo Papa Leão XIII, cujas mensagens e preceitos são reiterados em diversas oportunidades (encíclica *Quadragessimo Anno*, de 1931, pelo Papa Pío XI; encíclica *Mater ed Magister*, do Papa João XXIII, de 1961; a *Populorum Progressio*, do Papa Paulo VI, de 1967; a *Laborem Exercens*, do Papa João Paulo II, em 1981), e , de outro lado, os movimentos de contestação política e filosófica do modelo de Estado e sociedade burguesa liberal, por parte dos indivíduos marginalizados e explorados pelo mercado das relações de produção capitalista.

Nos documentos da Igreja, esta começa a intervir em assuntos nada metafísicos ou transcendentes, como as relações de trabalho dos homens, as condições em que se deve cumprir o trabalho em relação aos donos do capital, a natureza e os limites do direito de propriedade, a missão e os direitos da família, as responsabilidades que recaem sobre a sociedade e sobre o Estado, no sentido teleológico de alcançar um justo equilíbrio nas relações entre os variados grupos sociais.

Com a Primeira Guerra Mundial (1914 a 1918) e o esfacelamento das economias européias, somado ao Tratado de Versalhes, vislumbra-se a formação de um monopólio econômico e político dos EUA, da França, da Itália e da Espanha, dominando o cenário internacional e determinando um realinhamento de toda a Europa. Isto leva à desestabilização da classe empresarial européia, ao mesmo tempo que faz amadurecer seus postulados de organização e associação, percebendo que os movimentos populares e de operários poderão alçar vôo com as complicações das economias internacionais esfaceladas, oportunizando o estímulo e simpatia às propostas de descentralização dos meios de produção e participação dos trabalhadores nos lucros gerados pelo capital. Tal fato também vai oportunizar o alargamento dos direitos fundamentais do homem como referencial a uma política de contestação e crítica ao sistema capitalista.

Um dos efeitos mais concretos desta realidade é a irrupção de movimentos revolucionários e constitucionais, acompanhados de uma declaração de direitos tratando da matéria afeta aos direitos humanos, ou a uma espécie deles, denominados de sociais. Isto, de uma certa forma, rompe com o constitucionalismo clássico do século XVII,

> "alimentado pelas declarações de direitos políticos burgueses, visando legitimar, através de normas gerais e abstratas, os privilégios e intentos de uma nova classe proprietária no poder."[68]

Os movimentos políticos ora aludidos têm alguns marcos históricos referenciais, como a Constituição Mexicana de 1917, a Declaração Russa dos Direitos do Povo Trabalhador e Explorado, de 1918, a Constituição de Weimar, de 1919, a Constituição Espanhola de 1931, etc, que incorporaram em seus textos o conceito de justiça social, ao menos no âmbito do direito constitucional, motivo por que se traduzem naquilo que a história conhece como Constitucionalismo Social.

A Constituição Mexicana, promulgada em 05 de fevereiro de 1917, é a primeira no Ocidente a incorporar os direitos sociais como matéria constitucional, pois, até então, estes direitos não são garantidos pelas Constituições liberais, que têm como preocupação central a orga-

---

[68] Wolkmer (1989: p. 16).

nização formal do Estado e dos direitos políticos dos cidadãos.

É importante lembrar que esta Constituição é fruto de uma revolução iniciada em 1910 que mantém o país em luta armada durante 07 (sete) anos, propiciando transformações políticas importantes ao quebrar o poder dos grupos que governam o México sob um regime ditatorial, por mais de 30(trinta) anos - entre 1876 e 1910.

Quando do chamamento à formação do Congresso Constituinte Mexicano, duas grandes correntes se formam no parlamento: uma, liderada pelo governo provisório, eminentemente conservadora - pretendendo fazer pequenas reformas na Constituição de 1857-; outra, formada pelos adeptos de Zapata e Pancho Villa, denominada de constitucionalistas radicais, protestando por reformas estruturais no modelo de Estado e Constituição daquele país.

Esta última é responsável pela aprovação dos princípios que regulam as relações de trabalho (permitindo a participação dos trabalhadores no lucro das empresas), impõem a natureza social da propriedade, a nacionalização dos recursos naturais e o controle da educação, consoante as disposições dos arts. 3º, 27, 30, 123, e outros da Constituição de 1917.

Se se avaliar a composição e mobilização da Assembléia Nacional Constituinte Alemã, eleita em 19 de janeiro de 1919, perceber-se-á que ela é precedida de graves agitações político-sociais. Em Berlim, sob a liderança dos espartaquistas e de outros grupos fundadores do Partido Comunista Alemão (KDP), ocorrem grandes manifestações contra o governo social-democrata de Ebert-Noske, resultando atrocidades contra os direitos humanos e a vida de várias pessoas, entre elas a de Liebknecht e Rosa Luxemburgo.

O resultado desta Assembléia Constituinte é, em alguns pontos, inovador e garantidor de direitos e garantias individuais e sociais, como a organização política do Estado, prevendo o sufrágio universal, igual, direto e secreto de todos os homens e mulheres alemães; nas relações de trabalho, fora garantida a liberdade de sindicalização, assistência à saúde, presença do empregador e do empregado no ajuste das condições de trabalho e salário, etc.

"Num outro contexto de ordenação jurídica - o pacto político-social espanhol de 1931 - o Constitucionalismo traduz também uma forma de equilíbrio e compromisso ideológico entre diferentes atores sociais que, de modo controverso, ora intentam o poder, ora prefiguram a edificação de uma República dos Trabalhadores de todas as classes, consagrando, nestes horizontes de transações, declarações formais de ordem social e econômica."[69]

Diante de tal quadro, resta evidente a constatação de que o Estado Liberal ou Capitalista já não mais poderá responder às demandas sociais modernas, eis que ampliadas pelas contradições que o capital nacional e o internacional provocam durante seu desenvolvimento.

Na medida em que as cidades vão crescendo, com elas crescem também novos sujeitos sociais que não se caracterizam pela passividade ou aceitação do que lhes é imposto pelo ritmo de crescimento da sociedade industrial estabelecida. Estes sujeitos criam um *éthnos* diferenciado e próprio da cultura oficial instituída, eis que procuram, cada vez mais, cientificar-se dos direitos que possuem; e, mais, procuram e postulam o estabelecimento de garantias mínimas às suas vidas. Diante dos interesses privados da classe burguesa, sempre em ascensão, encontram-se outros interesses que podem se chamar de públicos, pois pertencentes à grande massa de cidadãos-trabalhadores.

---

[69] Wolkmer, op. cit., p. 20.

Ou a burguesia resolve repensar a função do Estado, dando-lhe uma configuração mais ativa do que de afastamento da realidade política e econômica, ou seu reinado, tranqüilo até a Primeira Grande Guerra, pode sofrer uma séria ameaça de desmoronamento.

Não é mais suficiente o Estado permanecer como o garantidor das regras de mercado e como mediador da ordem e segurança entre as relações de produção e as postulações da classe trabalhadora. É exigida dele agora uma postura de maior significação junto à sociedade civil e, também, junto ao mercado.

As relações econômicas devem ser observadas pelo Estado moderno, devendo ele intervir neste mercado e mexer em suas regras de funcionamento toda vez que necessário, para não só garantir as regras de lucro e funcionamento estabelecidas pelas elites dominantes, mas, principalmente, para garantir a ordem e a segurança dos pactos já alinhavados e comprometidos. Esta ordem e esta segurança devem ser, necessariamente, objeto de negociação com os trabalhadores, o que se dá tanto em nível de sindicatos e associações corporativas como em nível de parlamento e instrumentos legais.

O Estado intervencionista e o *Welfare State* começam a se preocupar com o bem-estar da sociedade civil como um todo, cuidando para que haja a minimização dos conflitos de grupos sociais com propostas e projetos de vida distintos; amainando as tensões políticas e mesmo dissimulando os contrastes existenciais incrustados na história de cada segmento popular, adotando medidas jurisdicionais de proteção a um universo cada vez maior de direitos e garantias ditos fundamentais.

"Quando o Estado coagido pela pressão das massas, pelas reivindicações que a impaciência do quarto estado faz ao poder político, confere, no Estado constitucional ou fora deste, os direitos do trabalho, da previdência, da educação, intervém na economia como distribuidor, dita o salário, manipula a moeda, regula os preços, combate o desemprego, protege os enfermos, dá ao trabalhador e ao burocrata a casa própria, controla as profissões, compra a produção, financia as exportações, concede crédito, institui comissões de abastecimento, provê necessidades individuais, enfrenta crises econômicas, coloca na sociedade todas as classes na mais estreita dependência de seu poderio econômico, político e social, em suma, estende sua influência a quase todos os domínios que pertenciam, em grande parte, à área da iniciativa individual, nesse instante o Estado pode com justiça receber a denominação de Estado social."[70]

A Teoria de Kaynes, em 1936, sobre a Teoria Geral do Emprego, Juro e Dinheiro, elabora uma filosofia da intervenção do Estado na economia.

Como um fator intermediador entre o Estado liberal e o intervencionista, encontramos o neoliberal, desejando corrigir o mercado e a liberdade contratual através de um ordenamento jurídico, e não pela intervenção direta do Estado no jogo da economia de mercado. Ou seja, não se deve mais administrar a economia, mas dirigi-la.

O Poder Público, por sua vez, trabalha com a idéia de dar maiores condições e oportunidades aos trabalhadores, apoiado por uma ordem jurídica dada. *Exemplo*: O crescimento do poder aquisitivo dos operários americanos e europeus logo após a Segunda Guerra Mundial, fazendo com que desistam da idéia de alterar a estrutura do sistema capitalista, eis que bastam apenas algumas reformas.

---

[70] Bonavides, op. cit., p. 208.

3.3. A questão da democracia

Os direitos humanos se apresentam, hoje, como uma questão filosófica e política. Isto significa dizer que as condições de possibilidade destes direitos estão diretamente ligadas à forma com que as sociedades contemporâneas os encaminham, delimitam e protegem, frente às instituições jurídicas e políticas existentes. Assim,

"nada se pode dizer de rigoroso sobre uma política dos direitos do homem enquanto não se examinar se esses direitos têm uma significação propriamente política, e nada se pode avançar sobre a natureza do político que não ponha em jogo uma idéia de existência ou, o que dá no mesmo, da coexistência humana."[71]

Neste mesmo sentido, pensar os direitos humanos também resgata uma discussão de pressupostos basilares de formas de governo e as regras que estabelecem quem está autorizado a tomar as decisões coletivas e com quais procedimentos[72].

Tais pressupostos de mobilização e posturas políticas são objeto de muito debate ao longo da História, cristalizando-se nela o senso comum teórico de que é a democracia o melhor modelo de gestão pública dos interesses sociais, enquanto ideal de representação das vontades populares.

Pode-se afirmar que na teoria contemporânea da democracia ocidental existem três grandes tradições do pensamento político:

a) A teoria clássica, vinculada às contribuições políticas de Aristóteles no âmbito das três formas de governo, em que a democracia, como governo do povo, de todos os cidadãos - aqueles que gozam dos direitos

---

[71] Lefort (1983: p. 38).

[72] Bobbio (1989).

de cidadania -, se distingue da monarquia (governo de um só) e da aristocracia (governo de poucos);

b) A teoria edificada na Idade Média, cuja matriz é experiência romana, apoiada na soberania popular,

> "na base da qual há a contraposição de uma concepção ascendente a uma concepção descendente da soberania conforme o poder supremo deriva do povo e se torna representativo ou deriva do príncepe e se transmite por delegação do superior para o inferior"[73];

c) A teoria moderna, nascida com o advento do Estado moderno e com as grandes monarquias, determinando como formas de governo a monarquia e a república. Neste período, constitui-se a democracia como uma forma de república, onde se dá o intercâmbio entre ideais democráticos e republicanos, e o governo, com características populares, é denominado de república, principalmente porque rompe com a tradição discricionária da monarquia.

Sabe-se que Aristóteles, no livro III da Política[74], traça algumas considerações desfavoráveis à democracia, identificando-a à forma de governo corrupta que se volta exclusivamente para os pobres.

Já a tradição romano-medieval da democracia, enfrentando a questão da soberania, vai até as construções teóricas de Ulpiano para justificar que o príncipe - governo - tem a autoridade porque o povo lho deu. Por tal raciocínio, chega-se à conclusão de que este povo jamais abdica inteiramente de seu poder. A doutrina da época é rica em provar o alegado:

> "Numa das obras fundamentais do pensamento político medieval, certamente a mais rica de esquemas destinados a serem desenvolvidos pelo pensa-

---

[73] Bobbio (1993: p. 319).

[74] Aristóteles (1991: p. 147).

DIREITOS HUMANOS NO BRASIL
Desafios à democracia

69

mento político moderno, o Defensor Pacis, de Marsílio de Pádua, se afirma e demonstra abertamente, com vários argumentos, o princípio de que o poder de fazer leis, em que se apóia o poder soberano, diz respeito unicamente ao povo, ou à sua parte mais poderosa (*valentior pars*), o qual atribui a outros não mais que o poder executivo, isto é, o poder de governar no âmbito das leis."[75]

Assevera Bobbio, na mesma obra, que esta teoria aprofundada na Idade Média é um dos principais pilares dos escritores filósofos e políticos dos séculos XVII e XVIII, que, por sua vez, vão debater profundamente os modelos de governos e democracia da Idade Moderna.

Os teóricos do contrato social, anteriormente vistos, utilizam estas concepções em dois momentos, no mínimo: na construção da categoria *populus*, que é produto de um acordo - *pactum societatis*[76]; e, uma vez constituído o povo, o governo, independentemente das modalidades da transmissão do poder, é forjado e exerce suas funções na forma própria do contrato - *pactum subjectionis*.

Com isto, as reflexões dos teóricos do contratualismo, principalmente Rousseau, utilizam os pressupostos da soberania popular para se estabelecer definitivamente na tradição do pensamento democrático moderno, revelando-se imprescindíveis à fundação de uma teoria moderna de democracia[77].

---

[75] Bobbio (1992: p. 321).

[76] E aqui a questão da Democracia toma um relevo também gramatical, quando vinculada à idéia que possui um significado originário: *poder do povo*.

[77] "Mas é sobretudo em Rousseau, grande teórico da Democracia moderna, que o ideal republicano e democrático coincidem perfeitamente. No *Contrato Social* confluem, até se fundirem, a doutrina clássica da soberania popular, a quem compete, através da formação de uma vontade geral inalienável, indivisível e infalível, o poder de fazer as leis, e o ideal, não menos clássico mas renovado, na admiração pelas instituições de Genebra, da república, a doutrina contratualista do Estado fundado sobre o consenso e sobre a participação de todos na produção das leis e o ideal igualitário que acompanhou na história a idéia republicana, levantando-se contra a desigualdade dos regimes monárquicos e despóticos." Bobbio (1992: p. 323).

Quando Rousseau trabalha com a idéia de *volonté générale* buscando um vínculo entre a vontade geral e o que os cidadãos desejam, outorga à maioria - critério quantitativo - a função de representar esta vontade, a despeito das severas críticas que fazem alguns doutrinadores modernos sobre este aspecto[78]. Isto significa dizer que o próprio parâmetro para identificar um governo democrático passa necessariamente pelo maior número de pessoas que ele atende no desenvolvimento de políticas públicas.

Tal noção prescritiva de democracia faz com que ela esteja sempre submetida à pressões deontológicas, apresentando-se até como resultado destas, a despeito de muitas vezes a realidade social evidenciar uma contradição com seu conceito descritivo.

Tem-se assim a certeza de que pensar a Democracia significa concebê-la como deveria ser, pois

"una democracia existe sólo mientras sus ideales y valores la crean"[79].

Como já constatado, é o modelo liberal de organização social e política que avançou sobre a questão da democracia e dos direitos humanos.

Desafiando os poderes das monarquias despóticas e sua afirmativa de ter suporte divino, o liberalismo busca restringir os poderes do Estado e definir uma esfera unicamente privada, independente da ação deste Estado. Progressivamente, a mentalidade dita liberal associa-se à doutrina de que os indivíduos deverão ser livres para adotar suas próprias preferências em assuntos religiosos, econômicos e políticos.

Embora diversas variantes do liberalismo interpretem este objetivo de diferentes maneiras, todas estão unidas na defesa de um Estado constitucional da propriedade privada e de uma economia competitiva de

---

[78] Entre eles, Sartori (1987: p. 388).

[79] Sartori, op. cit., p. 26.

mercado como os mecanismos centrais para coordenar os interesses dos indivíduos.

O problema central que a teoria política tem de enfrentar é como reconciliar o conceito de Estado como estrutura de poder impessoal e legalmente circunscrita, com novo plexo de direitos, obrigações e deveres dos indivíduos. Em outras palavras, como o Estado soberano deverá se relacionar com o povo soberano, reconhecido como a fonte legítima dos poderes do Estado.

Para Rousseau, preocupado com a questão da existência ou não de um princípio legítimo e seguro de governo[80], e contrário às teorias de Hobbes e Locke, as quais afirmam que a soberania é transferida do povo para o Estado, a soberania

> "não pode ser apresentada, pela mesma razão que não pode ser alienada ... os deputados do povo não são, e não podem ser, seus representantes; eles são meramente seus agentes; e eles não podem decidir nada em termos finais"[81].

Neste cenário de idéias, próprias do modelo liberal, a concepção de democracia atrela-se à figura do indivíduo/cidadão e às condições de possibilidades do seu desenvolvimento econômico, pois o papel do cidadão é o mais elevado a que um indivíduo pode aspirar. O exercício do poder pelos cidadãos é a única forma legítima na qual a liberdade pode ser sustentada. O cidadão deve criar e estar vinculado

> "à direção suprema da vontade geral, a concepção publicamente gerada do bem comum"[82].

---

[80] Rousseau (1988: p. 49).

[81] Rousseau (1988: p. 141).

[82] Rousseau (1988: p.60).
Veja-se neste sentido a posição de Norberto Bobbio (1987: p.19), quando assevera que: "No que diz respeito aos sujeitos chamados a tomar (ou a colaborar para a tomada de) decisões coletivas, um regime democrático caracteriza-se por atribuir este poder a um número muito elevado de membros do grupo...

Desta forma, desde os autores do Federalista, em 1788, passando pelos constituintes franceses da revolução de 1789, há o convencimento de que o único governo democrático adequado a um grupo de homens livres é a democracia representativa, aquela forma de governo em que o povo não toma ele mesmo as decisões que lhe dizem respeito, mas elege seus próprios representantes, que devem por ele decidir. Ao menos teoricamente, não se cogita de que, instituída uma democracia representativa, esta acabará por enfraquecer o princípio do governo popular.

À parte o fato de que o exercício direto do poder de decisão por parte dos cidadãos não é incompatível com o exercício indireto através de representantes eleitos, como demonstra a existência de constituições, como a brasileira vigente - que prevê o instituto do plebiscito e do *referendum* popular -, tanto a democracia direta quanto a indireta descendem do mesmo princípio da soberania popular, apesar de se distinguirem pelas modalidades e pelas formas com que essa soberania é exercida.

E quando se fala em formas de exercício da soberania ou do poder soberano, que pressupõe a participação efetiva do indivíduo no processo de decisão política dos temas que lhe dizem respeito, percebe-se que a esfera política e individual está imersa em uma esfera mais ampla, que é a da socidade como um todo, e que inexiste decisão política que não esteja condicionada ou, inclusi-

---

No que diz respeito às modalidades de decisão, a regra fundamental da democracia é a regra da maioria, ou seja, a regra à base da qual são consideradas decisões coletivas - e, portanto, vinculatórias para todo o grupo - as decisões aprovadas ao menos pela maioria daqueles a quem compete tomar a decisão."
Em outras palavras, "La deliberazione comune, raffigurata dall'assemblea sovrana, pretende di essere la realizzazione simultanea di un'organizzazione politica (la democrazia) e di un contenuto di valore: la libertà di tutti." Bobbio (1981: p. 9).

ve, determinada por aquilo que acontece na sociedade civil.

Sob este ponto de vista, todo o grupo social está obrigado a tomar decisões que vinculam a todos os seus membros, com o objetivo de prover a própria subsistência: e, como estas decisões grupais são tomadas por indivíduos - por representação ou não -, para que sejam aceitas como coletivas, mister é que sejam levadas a termo com base em regras que estabeleçam quais os indíviduos autorizados a tomar decisões vinculatórias para todos os membros do grupo e à base de quais procedimentos.

Neste aspecto, novamente Bobbio é esclarecedor:

"Afirmo preliminarmente que o único modo de se chegar a um acordo quando se fala de democracia, entendida como contraposta a todas as formas de governo autocrático, é o de considerá-la caracterizada por um conjunto de regras (primárias ou fundamentais) que estabelecem quem está autorizado a tomar as decisões coletivas e com quais procedimentos."[83]

Um governo ou sociedade democrática é aquele, então, que conta e mesmo define, a partir das relações de poder estendidas a todos os indivíduos, com um espaço político demarcado por regras e procedimentos claros, que efetivamente assegurem o atendimento às demandas públicas da maior parte da população, elegidas pela própria sociedade, através de suas formas de participação/representação.

Assim, uma vez existindo instrumentos eficazes de reflexão e debate público das questões sociais vinculadas à gestão de interesses coletivos - e muitas vezes conflitantes -, e ainda contando com os fundamentos da organização política e social do homem erigidos com o

[83] Bobbio (1992: p. 18).

advento dos movimentos emancipacionistas do final do século XVIII - os direitos liberais de liberdade, de opinião, de reunião, de associação, etc -, forja-se um núcleo de direitos invioláveis, que representam os pressupostos necessários para o funcionamento dos mecanismos predominantemente procedimentais que caracterizam um regime democrático.

Sabe-se, todavia, que os direitos ditos fundamentais, tão festejados pelo liberalismo dos séculos XIX e XX, nascem de uma concepção individualista da sociedade, em que esta é tão-somente um produto artificial da vontade dos indivíduos, em que o modelo de Estado democrático fundado na soberania popular, idealizado à imagem do príncipe, é o ideal de uma sociedade monística, e não pluralista. Por isto, a tentativa de delimitar em número certo e preciso os direitos fundamentais - como aqueles necessários para implementar o modelo desenvolvimentista burguês.

> "El interés de estas Declaraciones solemnes consiste en que el legislador ordinario no puede, o, en todo o caso, no debería infringirlas. Se trata, en suma, de una traducción oficial de la primacía de los individuos en el Estado, así como de las bases fundamentales del orden individualista."[84]

Porém, a História e os movimentos sociais conseguem romper com esta barreira estreita de demarcação dos direitos humanos, efetivos fundamentos de uma sociedade democrática, ampliando as suas possibilidades, de acordo com o objeto cada vez mais amplo e complexo perseguido: a dignidade da vida humana em sua completude.

A aferição de um regime e de uma sociedade democrática passa necessariamente, a partir do advento e da ampliação dos direitos humanos ou fundamentais,

---

[84] Hauriou (1971: p. 206).

pela questão da legitimação do poder político, que irá, por sua vez, ser identificado com a soberania popular pluralista, os interesses efetivamente públicos (da maioria), e pelo processo de decisão política, que vai do ponto inicial dos procedimentos decisórios até a decisão tomada.

Afora a crise da representação política que denuncia a realidade contemporânea, colocando em cheque as próprias instituições clássicas da democracia liberal burguesa (Parlamento, Partidos Políticos, Poder Judiciário e Executivo, etc.), em razão da complexidade da sociedade industrial, outro modelo de democracia surge no cenário do século XX: a possibilidade de uma democracia mais participativa.

"Nos anos 60 e 70, a ação da Nova Esquerda norte-americana e a rebelião estudantil, de um lado, e a crescente insatisfação entre operários qualificados, funcionários administrativos de meios acadêmicos contra os sentimentos mais generalizados de alienação que então entraram em moda, de outro, provocavam uma discussão que denunciará as limitações dos modelos liberais de democracia e apontará a necessidade de maior participação de todos nas empresas, nas universidades, nos sindicatos e nos centros políticos."[85]

No âmago deste modelo, um problema surge à consecução de um dos possíveis paradigmas de sociedade democrática: a tendência cada vez mais burocratizante do processo decisório, que afasta desta sociedade a oportunidade de participação e debate sobre temas que lhe dizem respeito.

Para diminuir um pouco estas dificuldades, além das medidas preconizadas por Faria[86], mister é que se

[85] Faria (1984: p. 93).

[86] "Um de seus requisitos é a mudança da consciência popular: o que se propõe é que, deixando o papel de consumidor, cada indivíduo passe a agir

tenham algumas regras estabelecidas, as quais irão informar as condições de possibilidades de um regime democrático.

Utiliza-se, para tanto, a proposta de Cerroni:

"1. Regla del consenso. Todo puede hacerse si se obtiene el consenso del pueblo; nada puede hacerse si no existe este consenso. 2. Regla de la competencia. Para construir el consenso, pueden y deben confrontarse libremente, entre sí, todas las opiniones. 3. Regla de la mayoría. Para calcular el consenso, se cuentan las cabezas, sin romperlas, y la mayoría hará la ley. 4. Regla de la minoría. Si no se obtiene lal mayoría y se está en minoría, no por eso queda uno fuera de la ciudad, sino que, por el contrario, puede llegar a ser, como decía el liberal inglés, la cabeza de la oposición, y tener una función fundamental, que es la de criticar a la mayoría y prepararse a combatirla en la próxima confrontación. 5. Regra del control. La democracia, que se rige por esta constante confrontación entre mayoría y minoría, es un poder controlado o, al menos, controlable. 6. Regla de la legalidad. Es el equivalente de la exclusión de la violencia."[87]

Os institutos tradicionais da democracia burguesa associam estes mecanismos ou regras de procedimentos das políticas públicas à proteção de uma liberdade e igualdade meramente formal, restritas no espaço e no tempo pelos termos petrificados da lei, pretendendo com isto reduzir a idéia da democracia a uma mera técnica de posturas e comportamentos.

Entretanto, a dimensão dos direitos humanos e fundamentais garante uma perspectiva maior à mobili-

---

como executor e desfrutador da execução e desenvolvimento de sua capacidade;.... outro de seus requisitos é a diminuição da desigualdade socioeconômica" (Faria, op. cit., p. 95).

[87] Cerroni (1991: p. 191).

zação e organização da sociedade, pois condiciona a eficácia e validade das regras supracitadas à perseguição destes direitos, que, por sua vez, objetivam dar guarida à própria espécie humana.

O fator dignidade humana, colocado aqui como um topos[88], chama a atenção para uma sétima regra da democracia: a da responsabilidade, ou seja,

> "el funcionamento de la democracia se basa en el derecho de reivindicar todo interés particular, pero a condición de que sea un común denominador sobre el que se pueda construir el derecho general de la comunidad, del pueblo, de la nación."[89]

Nos mesmos moldes vai Kant, no apêndice do livro A Paz Perpétua[90], quando enuncia o princípio de racionalidade fundamental, segundo o qual todas as ações relativas ao direito de outros homens cuja máxima não é suscetível de se tornar pública, são injustas.

4. Critérios distintivos dos Direitos Humanos na sociedade contemporânea

4.1. *As gerações dos Direitos Humanos*

De uma certa forma, ao nível das tradições ocidentais do pensamento político, a idéia de poder sempre está associada à de força, originando-se tal postura da antiga noção de poder absoluto que acompanhou o surgimento do Estado-nação europeu soberano, cujos primeiros porta-vozes foram Jean Bodin e Thomas Hobbes, como também dos termos usados desde a antigüida-

---

[88] No sentido que lhe quer dar Viehweg (1984), ou seja, um referencial teórico problemático, que envolve a questão dos direitos humanos - e a partir do qual se pretende desenvolver o tema da investigação.

[89] Cerroni (1991: p. 195).

[90] Arendt (1993: p. 34).

de grega para definir as formas de governo como domínio do homem sobre o homem[91].

Já está constatado que é a partir das lutas travadas pela burguesia européia contra o Estado absolutista que se criam condições para a instituição formal de um elenco de direitos que passam a ser considerados fundamentais para os seres humanos e, portanto, começam a ser formalmente reconhecidos.

Neste período é que surge o que se denomina de a primeira geração dos direitos humanos, constituindo-se como a expressão das lutas da burguesia, então revolucionária, fundada na filosofia iluminista e na tradição doutrinária liberal, contra o despotismo dos antigos Estados absolutistas.

A materialidade destes direitos se dá na ordem civil e política, mediada pela lei[92], representando, entretanto, a expressão formal de necessidades individuais que exigem a abstenção do Estado para o seu pleno exercício.

Após os movimentos da revolução americana e francesa, percebe-se que a igualdade e a liberdade proclamadas nos textos constitucionais são meramente formais, resultado apenas da conquista de direitos individuais, inexistentes na sociedade feudal, porque nesta a estrutura social se baseia em privilégios.

O pensamento socialista[93] e a prática política do operariado europeu e do norte-americano do século XIX questionam a existência de uma enorme contradição

---

[91] "Hoje devemos acrescentar a mais nova e talvez a mais formidável forma desse domínio: a burocracia ou o domínio de um intrincado sistema de órgãos no qual homem algum pode ser tido como responsável, e que poderia ser chamado com muita propriedade o domínio de Ninguém." Arendt, (1993: p. 20).

[92] A Lei aqui como a medida da igualdade entre todos os seres humanos, pois é a única expressão capaz de proteger e reconhecer os direitos considerados fundamentais para todas as classes e categorias de pessoas.

[93] Neste sentido, a obra de Marx (1985). Também a obra *Utopia Possível*, Tarso Genro (1995: p. 110).

entre os princípios formalmente divulgados nas declarações de direitos e a realidade vivida cotidianamente pela maioria da sociedade.

As indignas condições de vida e trabalho impostas aos trabalhadores durante o século passado levam os sindicatos e partidos operários a reivindicarem a intervenção do Estado na vida econômica e social.

O século XIX chega a seu termo e dá lugar a um confronto que se estende ao século XX, envolvendo o conteúdo dos direitos humanos e colidindo com as concepções meramente individuais até então vigentes.

Desde o começo do século XX, a forma jurídico-constitucional do Estado democrático liberal começa a ingressar num período de crise funcional, pelas razões já apresentadas anteriormente, e também: pelos efeitos do nacionalismo junto às minorias nacionais em diversos países; pela instabilidade da paz diante do fortalecimento do Estado para a guerra; pelos paradoxos existentes entre as previsões políticas das constituições e a real situação dos povos; pela maximização da planificação e intervencionismo estatal; pela ruptura factual entre o modelo de democracia pregado pelo liberalismo e suas práticas de governo cotidianas.

Os novos movimentos sociais e políticos, debatendo problemas mais corporativos/coletivos, colocam na ordem do dia questões sociais, econômicas e culturais, que constituem a segunda geração dos direitos humanos.

Tais direitos humanos, ampliados agora para sociais, econômicos e culturais, não são proclamados com o intuito de limitar a intervenção e o poder do Estado, mas exigir uma ação positiva do poder estatal, criando condições institucionais para o seu efetivo exercício.

"Se a primeira geração dos direitos humanos consistiu na definição e preservação das liberdades fundamentais - de locomoção, de religião, de pensamento e opinião, de docência e aprendizado, de correspondência, de voto, etc. - a segunda, inaugurada no início deste século, correspondeu à montagem de um mecanismo estatal que dispensasse, a todos, certas prestações sociais consideradas básicas, como a educação, a saúde, as oportunidades de trabalho, a moradia, o transporte, a previdência social."[94]

Daí eclode uma profunda transformação nas relações de poder existentes principalmente na esfera dos órgãos oficiais de representação política e social, caracterizada pelo viés da violência e do totalitarismo, tudo em nome de um modelo de progresso e crescimento principalmente econômico de alguns países em detrimento de outros[95].

A Primeira Guerra Mundial e a crise política e econômica que a acompanha[96] evidenciam um debilitamento no modelo clássico de autoridade política e governamental até então vigente e, nos umbrais do século XX, é possível se presenciar a instituição de programas de gestão dos interesses públicos em moldes totalitários/intervencionistas, graças à falência do Estado Liberal, ou seja, num

"sistema que somete todos los aspectos de la vida humana a un orden coactivo, absorbe plenamente al individuo en el grupo, ignora los intereses particulares y restringe, hasta anularlos, el pensamiento y la acción de los súbditos."[97]

Tal estado de coisas implica o desbravamento de um caminho extremamente perigoso à própria democra-

---

[94] Comparato (1989: p. 95).

[95] Neste sentido, ver o excelente trabalho de Arendt (1987).

[96] Especialmente após a 1ª Guerra Mundial, ao lado do discurso liberal da cidadania, fortalece-se o discurso oficial da cidadania, e, sob as influências da concepção marxista-leninista, é elaborada a Declaração dos Direitos do Povo Trabalhador e Explorado, anteriormente referida.

[97] Padilla (1994: p. 48).

cia formal, pois que despersonaliza o objeto fundante das políticas públicas e privadas: o asseguramento e evolução da dignidade do homem/cidadão, percebendo-se explicitamente uma série de violações dos direitos humanos em todos os rincões do globo terrestre.

Para Lefort[98], o totalitarismo dos Estados modernos denuncia a formação de uma sociedade despolitizada, em que a indiferença com relação aos assuntos públicos, a atomização, o individualismo, o desencadeamento da competição não mais encontram limites, o que acarreta o desmoronamento do sistema de classes e a liberação das massas, de seus quadros sociais, tornados tradicionais; isto é, homens literalmente desinteressados, já que eles não mais possuem interesses para defender, e estão, nesse sentido, prontos para tudo.

A partir deste quadro e durante a Segunda Guerra Mundial, se produzem em quase todos os territórios envolvidos consideráveis agressões às liberdades pessoais, sociais e econômicas, inclusive envolvendo, no ritmo do terror irascível, indivíduos absolutamente distanciados do tema da guerra.

Parelalamente a isto, como bem assevera João Dornelles[99], o período que vai de 1945 até 1960 é marcado por um grande impulso econômico com base no capital das grandes multinacionais, e com a ampliação do uso intensivo das fontes de energia e dos recursos naturais de todas as regiões do mundo. Este modelo de desenvolvimento amplia a níveis significativos o quadro de destruição ambiental, afetando principalmente os países do Terceiro Mundo e oportunizando o afloramento de uma terceira geração dos direitos humanos.

A nova realidade econômica, industrial e política que irrompe neste período faz surgir uma série de novos anseios e interesses postulados por novos sujeitos so-

[98] Lefort (1991: p. 72).

[99] Dornelles (1989: p. 35).

ciais, a serem garantidos com o esforço conjunto do Estado, dos indivíduos, dos diferentes setores da sociedade e dos países no Ocidente, como: o direito à paz; ao desenvolvimento e autodeterminação dos povos; a um meio ambiente saudável e ecologicamente equilibrado e à utilização do patrimônio comum da humanidade.

Os testemunhos visuais e escritos da Guerra, somados aos sacrifícios de vidas humanas e destes direitos de terceira geração, assim como vasta documentação sobre o ocorrido, levam os povos a enfrentar o tema da proteção dos direitos humanos como uma das principais obrigações dos governos e dos Estados. Entretanto, cumpre advertir, desde já, que

> "En la sociedad moderna, compete primordialmente al Estado la protección de los Derechos Humanos, en tanto posea el monopolio del poder coactivo, cuya legitimación se basa, precisamente, en esa protección. Pero de ninguna manera ésta es excluyente, puesto que, de lo contrario, el hombre quedaría desvalido frente a las eventuales violaciones que pudiese cometer el propio Estado."[100]

Tanto é verdade este postulado que, como os direitos de terceira geração[101] têm dificuldades de ser atribuídos a titulares específicos, isto gera um processo de divisão das sociedades em blocos de indivíduos de primeiro e segundo escalão, no que tange aos direitos fundamentais referidos.

A determinação a quem interessa o direito à paz, ao meio ambiente equilibrado, à preservação do patrimônio cultural da humanidade, etc., pressupõe o reconhecimento de vínculos naturais e jurídicos (solidariedade material) de um universo de pessoas afetadas, consciente ou inconscientemente, por estes bens públicos.

---

[100] Russo (1992: p. 25/26).

[101] Direitos metaindividuais, difusos, etc.

Na medida em que a efetivação destes direitos de solidariedade depende, como de resto dependem todos os outros direitos fundamentais, da atuação concreta daqueles que carecem de seu reconhecimento, no sentido de conferir-lhes algum conteúdo, e na medida em que estes direitos fundamentais recentes não têm titulares claramente definidos, começam a ocupar o espaço nessa titularidade estruturas organizativas que se constituem especificamente para lutar por eles.

4.2. O reconhecimento internacional dos Direitos Humanos

Desde o início do século XX, o princípio geral de direito internacional é o da vedação de ingresso nas soberanias dos Estados, e tal dogma se apresenta como irredutível inclusive diante da violação dos direitos fundamentais. Ir de encontro a este princípio significa ferir outros princípios que condenam a intervenção e ingerência indevida em assuntos internos ou externos dos Estados.

Segundo tal doutrina, os demais Estados devem apenas observar de forma impassível as violações dos direitos humanos, pois o dogma da soberania absoluta lhes impede intervir para restabelecer as condições humanas de existência.

O modelo de governo totalitarista, neste período, representa a ruptura do paradigma dos direitos humanos, através da negação da pessoa humana como referencial maior do Direito e da idéia de organização social. Diante disto, surge a necessidade de reconstrução dos direitos humanos como suporte ético que aproxime o direito do conjunto de valores e princípios vinculados ao bem comum público.

Ao mesmo tempo em que o debate sobre o tema se acirra, torna-se evidente que a tutela dos direitos humanos não pode se reduzir ao âmbito reservado de um

Estado, porque exterioriza uma matéria que é de interesse internacional, ou seja, a violação dos direitos humanos não pode ser aceita como questão de competência exclusiva dos Estados, mas como problema que interessa a toda a comunidade internacional.

"El abuso de estas doctrinas y lo que es más grave, sus consecuencias; así como el resultado de la desconfianza en el estado como consecuencia de la Segunda Guerra Mundial, luego de los experimentos de ingeniería social y estatal del fascismo, del nazismo y del marxismo leninismo, han llevado a considerar que la violación de los derechos humanos en cualquier país no es obstáculo para que el ser humano sea protegido por medio de sistemas internacionales que reconozcan la subjetividad internacional de la persona humana."[102]

Esta forma de encarar a proteção dos direitos humanos lhes garante uma independência científica e teórica, separando-se, no que é possível, gradualmente, do direito internacional, do direito constitucional e de outros ramos de saberes científicos, constituindo-se como um objeto e método científicos que justificam sua relativa independência.

A emergência de uma ação internacional mais efetiva na tutela desses direitos alavanca o processo de internacionalização dos direitos humanos, e resulta na criação da sistemática de proteção internacional, em que se faz possível a responsabilização do Estado no domínio alienígena.

O aspecto mais positivo e crítico destas ações se apresenta na impugnação do conceito clássico de soberania como um poder ilimitado, que não admite restrições ou exceções. Entretanto, um dos instrumentos mais eficazes de combate e rompimento desta concepção é

---

[102] Travesso (1993: p. 235).

aquele que admite a pessoa individual como sujeito de direito internacional, isto é, com plena capacidade e legitimidade para adquirir direitos e responsabilidades internacionais, e para denunciar e acionar os sujeitos de direito internacional clássico: os Estados.

Pode-se afirmar, a despeito da edição da Carta Atlântica firmada por Roosevelt e Churchill (14.08.1941) e a Declaração das Nações Unidas em 01.01.1942, que o marco histórico da internacionalização dos direitos humanos é a Declaração Universal de 10 de dezembro de 1948[103], que, após a 2ª Guerra, vem consagrar um consenso sobre valores de alcance global.

Porém, até chegar a esta data, o processo histórico de desenvolvimento do tema é politicamente importante na tentativa de se delimitar como devem ser concebidos os atuais contornos de tutela dos direitos humanos.

Essa Declaração[104] estabelece uma mediação do discurso liberal da cidadania com o discurso social, alinhando tanto direitos civis e políticos, como direitos sociais, econômicos e culturais, assim como também demarca a noção contemporânea dos direitos humanos, que remete à unidade conceitual destes direitos[105], deduzindo ser o valor da liberdade conjugado ao valor da igualdade, consoante faz parecer a Resolução nº 32/130 da Assembléia Geral das Nações Unidas, quando afirma que todos os direitos humanos, qualquer que seja o tipo a que pertençam, se inter-relacionam, e são indivisíveis e interdependentes.

Vários preceitos da Declaração Universal são, com o passar do tempo, incorporados a Tratados Internacio-

---

[103] É importante que se registre aqui o surgimento, em abril de 1948, aprovada em Bogotá, a Declaração Americana dos Direitos e Deveres do Homem. Neste sentido, ver a obra deVerdoodt (1973).

[104] Amadurecida desde Dumbarton Daks (outubro de 1944), quando se decidiu criar um organismo internacional que substituísse a Liga das Nações.

[105] A unidade referida diz respeito ao fato de que uma geração de direitos não substitui a outra, mas com ela se interage. Neste sentido, o livro de Espiell (1988).

nais, que possuem, em razão de sua natureza, força jurídica vinculante, como o Pacto Internacional de Direitos Civis e Políticos e o Pacto Internacional de Direitos Sociais, Econômicos e Culturais, ambos de 1966, os quais compõem, juntamente com a Declaração Universal, a chamada Carta Internacional dos Direitos Humanos. Tais documentos são constituídos fundamentalmente pelo direito à autodeterminação.

Nas mais modernas tendências do Direito Internacional[106], os tratados internacionais de tutela dos direitos humanos buscam, precipuamente, garantir o exercício de direitos e liberdades fundamentais, motivo por que, não apenas o Estado, mas também os indivíduos passam a ser sujeitos de direitos internacionais, como já constatado, consolidando-se a capacidade processual internacional destes.

Algumas críticas severas são impostas aos redatores da Declaração dos Direitos do Homem, quase todas vinculadas ao fato de inexistir uma base teórica homogênea ao seu conteúdo. O resultado desta polêmica é evidenciado nas seguintes situações:

a) No corpo da Declaração, a diferença entre direitos humanos e direitos do cidadão se esvazia, ao serem integrados todos estes direitos na categoria única de direitos humanos.

"Ciertos derechos del ciudadano que el Estado está obligado a garantizar en virtud de su propia existencia aparecen en el mismo plano que otros derechos que derivan de una concepción del mundo centrada en el hombre y que, al ser independientes, o casi, del Estado, son producto de una filosofía profundamente individualista."[107];

b) A Declaração não guarda vínculos mínimos com o presente, ou mesmo com o passado recente, pois deixa

---

[106] Pode-se citar aqui as ponderações de Mello (1990).

[107] Szabo (1984: p. 54).

DIREITOS HUMANOS NO BRASIL
Desafios à democracia

de apresentar referências a fenômenos que têm despertado a indignação de todo o mundo, e tampouco condena com explicitude as violações dos direitos humanos. Por exemplo, o art. 30 da Declaração proíbe todos os atos que são dirigidos à própria destruição dos direitos e liberdades nela garantidos, e, na verdade, este é um tratamento da questão profundamente negativo, principalmente no que tange ao universo de outros direitos não-listados;

c) Isto já demonstra que a Declaração carece de um caráter político mais definido, o que a faz não ocupar uma posição clara na escala de valores políticos vigentes à sua época. É óbvio que tal enquadramento teórico neutral põe em cheque a questão fundamental do problema internacional dos direitos humanos, ou seja, se é possível se estabelecer uma declaração racional e efetiva sem que se possua um caráter político estabelecido;

d) Ainda que na Declaração se faça menção aos direitos econômicos, sociais e culturais, ela é enfrentada de forma superficial, comparável aos demais direitos contemplados (cinco artigos num universo de trinta);

e) Com exceção de um parágrafo do art. 29, inexiste referência na Declaração para alguma contrapartida dos direitos do homem, isto é, de seus deveres, principalmente quando se sabe que, hoje, o problema dos deveres não está solucionado em todos os campos que interessam à sociedade contemporânea. Assim, a relação entre o Estado e o indivíduo não se apresenta proporcional ou simétrica: é o homem, o cidadão, quem está ameaçado, e não o Estado.

Com críticas ou sem elas, a verdade é que, após a Declaração de 1948, inúmeras outras Declarações e Convenções Internacionais são elaboradas, com o objetivo de atender ao processo de proliferação de direitos, que envolve, entre outras coisas, o aumento dos bens merecedores de proteção e a ampliação dos direitos sociais, econômicos, culturais, entre outras; a extensão da titularidade de direitos, com o alargamento do conceito de sujeito de direito, alcançando as entidades de classe, as organizações sindicais, etc.

Pelos termos da Resolução nº 2.200, de 03 de janeiro de 1976, o Pacto Internacional de Direitos Econômicos, Sociais e Culturais entra em vigor, e, no final do ano de 1982, setenta e cinco (75) Estados o têm ratificado. Este Pacto, composto de um preâmbulo e trinta e um (31) artigos, comparte com o Pacto Internacional de Direitos Civis e Políticos normas similares.

Interessante verificar que o terceiro parágrafo do preâmbulo deste texto se baseia na interpretação da Declaração Universal, formulada pela Assembléia Geral em 1950 e 1951, oportunidade em que se estabelece que o gozo das liberdades cívicas e políticas e dos direitos econômicos, sociais e culturais, estão vinculadas entre si e se condicionam mutuamente.

"El hombre privado de los derechos económicos, sociales y culturales no representa esa persona humana que la Declaración Universal considera como el ideal del hombre libre."[108]

Ainda no Pacto dos Direitos Econômicos, Sociais e Culturais se reconhece o direito ao trabalho; o direito ao gozo de condições de trabalho eqüitativas e satisfatórias; o direito a fundar sindicatos e a filiar-se neles; o direito à seguridade social; o direito da família, das mães, das crianças e adolescentes à mais ampla proteção e assistência.

Nos termos da Resolução nº 2.200 A, em 23 de março de 1976, a Assembléia Geral coloca em vigor o Pacto Internacional de Direitos Civis e Políticos, constituindo-se de um preâmbulo e 53 artigos. No final de 1982, setenta e dois (72) Estados o ratificam.

Os direitos civis e políticos estabelecidos pela ONU neste documento são: direito à igualdade de trato ante

---

[108] Travesso (1993: p. 238).

os tribunais e demais órgãos de administração da justiça; direito à segurança da pessoa e à proteção pelo Estado contra toda a violência ou dano físico, tanto infligidos por funcionários do governo como por indivíduos, grupos ou instituições; direitos políticos, em especial o de participar de eleições, a votar e a ser candidato, com base no sufrágio universal e igual, a tomar parte no governo, assim como na condução dos assuntos públicos em todos os níveis, e à igualdade de acesso à Administração Pública; o direito de liberdade de trânsito e de residência dentro das fronteiras do Estado, direito a sair de qualquer país, inclusive do próprio, e voltar ao próprio país; direito à nacionalidade; direito ao matrimônio e à escolha do cônjuge; direito à propriedade individual ou em associação; direito à liberdade de pensamento, consciência e religião; direito à liberdade de opinião e expressão; direito à liberdade de reunião e associação pacífica.

O Pacto prevê a existência de um órgão que supervisiona as medidas que se fixam de conformidade com suas normas, que é o Comitê de Direitos Humanos.

Este Comitê vem ser o órgão de execução e supervisão do Pacto Internacional dos Direitos Civis e Políticos e do protocolo facultativo a esse Pacto. Integrado por dezoito (18) membros nacionais dos Estados-partes, eleitos para um exercício de quatro (04) anos, com direito à reeleição, pretende desenvolver suas tarefas de forma neutra e imparcial.

A atividade do Comitê de Direitos Humanos se baseia, fundamentalmente, no recolhimento de informes referentes às medidas adotadas pelos Estados-partes que dão cumprimento aos direitos reconhecidos no Pacto e aos progressos realizados no desfrute destes direitos. Tais funções se ampliam com as restabelecidas no Protocolo Facultativo de Direitos Humanos, que faculta ao Comitê receber e considerar comunicações de indivíduos que aleguem ser vítimas de violações de qualquer dos direitos enunciados no Pacto Internacional de Direitos Civis e Políticos.

Este processo de internacionalização dos direitos humanos resulta em um complexo sistema internacional de proteção, identificado pela coexistência do sistema geral com o sistema particular de proteção.

Portanto, além das normas gerais expostas, alguns Estados têm redigido convenções particulares que estabelecem sistemas específicos de proteção dos direitos humanos com órgãos especiais para supervisionar e controlar estas funções, como: a Convenção sobre a repressão e castigo do delito de genocídio; a Convenção Internacional para a repressão e castigo do delito do *apartheid*; a Convenção sobre a redução do número de apátridas; a Convenção sobre direitos políticos da mulher, sobre a nacionalidade da mulher casada, e demais normas internacionais referentes ao *status* da mulher, etc.

O sistema particular de proteção volta-se à prevenção da discriminação ou à proteção de pessoas ou grupos de pessoas particularmente vulneráveis, que merecem proteção especial. Daí falar-se em direitos das mulheres, da criança, do idoso, do adolescente, do deficiente físico, dos refugiados, dentre outros. O sistema particular de proteção realça o processo de especificação do sujeito de direito, anteriormente referido, concebido em sua especificidade e concreticidade.

Por sua vez, o sistema geral de proteção tem por escopo garantir a proteção de toda e qualquer pessoa, oportunidade em que o sujeito de direito é visto em sua abstração e generalidade.

Cada sistema de proteção dos direitos humanos possui um instrumental jurídico próprio aos seus fins. O americano conta com a Convenção Americana de Direitos Humanos, o denominado Pacto de San José da Costa Rica, de 1969, que institui a Comissão Americana de Direitos Humanos e a Corte Interamericana; o sistema europeu é constituído da Convenção Européia de Direitos Humanos, de 1950, instituindo a Comissão e o Tribunal Europeu de Direitos Humanos; já o sistema africano possui a Carta Africana de Direitos Humanos, de 1981.

O sistema internacional de proteção dos direitos humanos apresenta mecanismos próprios de controle e implementação dos direitos que contempla, destacando-se dentre eles: o sistema de petições individuais, as comunicações interestatais e os relatórios periódicos elaborados pelo Estado-parte.

Com o direito de petição, qualquer pessoa que sofreu violação a direito, enunciado em tratado internacional de que o Estado é parte, pode apresentar petição contendo a denúncia da violação das disposições do tratado, por parte do referido Estado. Esta petição deve ser encaminhada ao organismo internacional competente (Comitê dos Direitos Humanos, Comitê para a Eliminação de todas as Formas de Discriminação Racial, Comitê contra a Tortura, Comissão Interamericana), que buscará tutelar o direito sob comento através de solução amistosa. Inexitosa esta, a questão é encaminhada a um órgão de jurisdição internacional.

É importante referir, por oportuno, que na maior parte dos instrumentos internacionais, o direito de petição é previsto sob a forma de cláusula facultativa, pela qual o Estado-parte poderá declarar, a qualquer momento, que reconhece a competência do Comitê/Comissão para receber e examinar petição apresentada por indivíduo ou grupo de indivíduos que estejam sob sua jurisdição. Não bastasse isto, a petição individual deve observar determinados requisitos de admissibilidade, dentre os quais a exigência do prévio esgotamento dos recursos internos disponíveis[109]; e a matéria não pode

---

[109] Este requisito não é exigido quando a tramitação do recurso exceder prazo razoável, ou se inexistir no direito interno o devido processo lelgal, ou ainda se não assegurar à vítima o acesso aos recursos de jurisdição interna.

estar pendente de outros processos de solução internacional.

No sistema de comunicação interestatal, determinado Estado-parte denuncia haver outro Estado-parte violado direitos humanos estabelecidos em tratado internacional, e, assim como o direito de petição individual, este sistema também é previsto sob a forma de cláusula facultativa.

Enfim, no sistema de relatórios, um Estado-parte se compromete a encaminhar aos organismos internacionais competentes relatórios sobre as medidas administrativas, legislativas e judiciárias por ele adotadas, com o intuito de conferir cumprimento às obrigações internacionais assumidas em virtude das Convenções internacionais.

4.3. Espécies de Direitos Humanos

Ao se classificarem os direitos humanos tomando como base sua importância ou peso político e social, correm-se alguns riscos, pois, no transcurso dos tempos, e segundo as diversas culturas e regiões, a natureza fundamental de certos direitos tem sido tema de diferentes apreciações e valorações.

A idéia de classificação ou distinção entre direitos fundamentais pode também ensejar uma hierarquização entre os direitos humanos, exatamente levando em conta o caráter fundamental ou não, o que não se pretende, inclusive para preservar a pluralidade de interesses e expectativas políticas que o tema envolve.

Resgatando um pouco o histórico que até agora se apresenta, poder-se-ia afirmar que, paralelamente aos direitos humanos consagrados nos textos jurídicos internacionais, há os direitos denominados elementares ou suprapositivos, dentre os quais, aqueles cuja validez independe da aceitação por parte dos sujeitos de direito, e que estão na base da comunidade internacional. Exemplo disto é o fato de a Carta das Nações Unidas reconhecer, em seu preâmbulo, que os povos das Nações Unidas se mostram dispostos a reafirmar sua fé nos direitos humanos fundamentais, na dignidade e no valor da pessoa humana.

Pode-se concluir, assim, que no pensamento contemporâneo prevalece a idéia de indivisibilidade dos direitos humanos e das liberdades fundamentais[110]. Esta idéia pressupõe que os direitos humanos formam um bloco único e não podem ser situados uns sobre os outros, em uma escala de preferências ou exclusões.

É certo que a história atesta os vários estágios e transformações dos direitos humanos no passar do tempo, tendo o seu próprio conceito uma matriz política: o respeito do Estado à esfera de liberdade da pessoa humana. Em outras palavras, o Estado está obrigado a não intervir neste espaço de direitos civis e direito à liberdade, que protegem a seguridade e integridade física e moral do indivíduo. Porém, com as transformações tecnológicas e de comportamentos sociais, a relação entre Estado e direitos humanos se intensifica em níveis de coletividades e grupos de indivíduos.

"El papel del Estado en el tema de los derechos humanos ha cambiado considerablemente, y debe advertirse que la ampliación de las funciones del Estado no sólo es importante en relación con los derechos sociales, sino también respecto a todo el resto de derechos humanos, por cuanto las autoridades públicas tienen también el deber de garantizar los derechos civiles y políticos contra intromisiones de elementos de poder que puedan tener a su disposición grandes capacidades económicas, tecnológicas y científicas."[111]

---

[110] Neste sentido, a resolução da Assembléia Geral das Nações Unidas nº 32/130, de 1977.

[111] Boven (1984: p. 87).

Diante de tal quadro, sabe-se que, em matéria de direitos humanos, o ponto central não deve ser a atividade do Estado, mas a existência e a personalidade humana, em nível individual e, principalmente, coletivo. Por isto, se a tônica destes direitos antes se encontra nos primeiros momentos de sua consolidação com as prerrogativas individuais da era moderna, hoje, os conflitos e problemas envolvendo o ser humano se dão de forma mais intensa nas coletividades.

Para compreender o significado e delimitação das coletividades, pode-se imaginá-las como um conjunto de pessoas que possuem características especiais e distintivas, bem como se encontram em situações ou condições especiais. Estas características podem ser de natureza racial, etnológica, nacional, lingüística ou religiosa, enquanto as situações específicas podem ser determinadas por fatores políticos, econômicos, sociais ou culturais.

Considerando estes fatores e elementos, as leis internacionais sobre direitos humanos buscam proteger e preservar as características dos grupos, bem como instigar mudanças nas condições e situações que afetam tais grupos, pois se apresentam intoleráveis às comunidades internacionais. Pode-se citar aqui o caso de minorias ou povos inteiros, cujo direito à autodeterminação está em litígio, e também grupos sociais cujo nível de vida econômica está abaixo dos níveis de vida mínimos considerados como dignos, alcançando ainda aqueles grupos vítimas de violações generalizadas dos direitos humanos, incluindo a discriminação.

> "Los derechos colectivos por excelencia son los de las minorías, en cuanto a la conservación y desarrollo de sus características y el derecho de los pueblos a la autodeterminación, esto es, el derecho a determinar libremente su política y a buscar libremente su desarrollo económico, social y cultural."[112]

---

[112] Boven (1984: p. 97). É interessante frisar que a Declaração sobre concessão da independência aos países e povos colonizados, fruto da resolução da

Resta avaliar, por fim, se os temas afetos aos direitos humanos podem ser enfrentados no âmbito da generalidade, considerando, é claro, o vetor da dignidade da vida humana. Este tema, salvo melhor juízo, é contemplado nos chamados direitos de terceira geração (direito à paz; ao desenvolvimento e à autodeterminação dos povos; a um meio ambiente saudável e ecologicamente equilibrado; à utilização do patrimônio comum da humanidade, etc.), tendo característica toda especial, pois atingem direta ou indiretamente um determinado conjunto de pessoas.

Rasulta daí que, nestas circunstâncias,

"i diritti e i doveri non si presentano piú, come nei codici tradizionali di ispirazione individualistico-liberale, come diritti e dovere essencialmente individuale, ma metaindividuali e collettivi."[113]

Os direitos metaindividuais e difusos, de conceituação árida na dogmática jurídica, caracterizam a terceira geração de direitos humanos, como sendo aqueles que pertencem, de maneira idêntica, a uma pluralidade de sujeitos mais ou menos vasta e mais ou menos determinada[114].

O direito ao meio ambiente saudável, por exemplo, pode bem demonstrar que se trata de um direito supraindividual, cuja titularidade pertence a um número indeterminado de pessoas; não encontra apoio em relação-base bem definida e tampouco decorre de vínculo jurídico entre indivíduos de algum grupo.

José Alcebíades de Oliveira Jr[115], lembrando Bobbio, adverte para o fato de que, além desses direitos, existem os chamados

---

Assembléia Geral das Nações Unidas nº 1514, XV, de 14 de dezembro de 1960, já prevê que a sujeição dos povos, a subjugação, dominação e exploração exterior constituem uma negação dos direitos humanos fundamentais.

[113] Cappelletti (1975: p. 367).

[114] Prade (1987).

[115] 1996: p. 214/215.

"direitos de quarta geração, que seriam os direitos de manipulação genética, são todos esses que fiz referência a momentos atrás, referentes ao grande desenvolvimento da biotecnologia e da bioengenharia ... Porém, além desses direitos de quarta geração, eu gostaria de fazer referência a uma quinta geração, talvez os professores presentes estejam de acordo ou não, mas que seria o surgimento de uma quinta geração de direitos e que teria que tratar da chamada realidade virtual, ou seja, toda a questão relativa ao grande desenvolvimento da cibernética na atualidade."

A conclusão a que se chega sobre as mais variadas espécies de direitos humanos (econômicos, civis, políticos, culturais, ambientais, genéticos e informacionais, etc.) é que elas são sempre variáveis e em constante mutação, indo ao encontro dos movimentos sociais e políticos emergentes, tutelando seus direitos. Em outras palavras, como ensina Cornelius Castoriadis[116], da mesma forma que a democracia, os direitos humanos devem ter suas regras diuturnamente abertas e ampliadas, assegurando o sentido teleológico das mensagens que os informam: a tutela dos interesses majoritários e públicos da sociedade.

---

[116] Ver o livro de Castoriadis (1989: p. 21).

Capítulo II

A idéia de Estado Democrático de Direito na teoria política contemporânea

1. Qual Estado Democrático de Direito?

Até o presente momento, tem-se claro que a linha política e filosófica de desenvolvimento das questões afetas à administração dos interesses públicos ou coletivos e aos poderes instituídos, ao menos no Ocidente, vem matizada pela cultura dos séculos XVI a XVIII, especialmente com os precursores do modelo de Estado Liberal.

O enfrentamento teórico de temas como a soberania, legitimidade do poder, participação popular nas decisões políticas do Estado, a partir da matriz rousseauniana, resgata a reflexão sobre a democracia e sua associação com a tutela dos interesses efetivamente públicos e majoritários do corpo social - vontade geral.

De outro lado, não há como negar que é na figura do Estado que se vai encontrar um dos espaços públicos necessários à análise e reflexão dos assuntos polemizados.

Ao se falar de Estado, direta ou indiretamente, fala-se de ordem jurídica, pois, desde Max Weber, é possível reconhecer a forma específica de legitimidade do Estado moderno como sendo a sua reivindicação para que as suas ordens sejam reconhecidas como vinculatórias porque são legais, isto é, porque emitidas em conformidade com normas gerais e apropriadamente promulgadas[117].

Esta figura do Estado com poder de mando, como poder com força imperativa para criar um conjunto de regras de comportamento, postulá-las como obrigatórias e fazê-las cumprir, evidencia o estreito relacionamento que ele mantém com o Direito.

Compreende-se, assim, que o Estado de Direito é concebido como um muro de contenção ao absolutismo, e a lei como emanação da vontade do povo, e não como expressão da vontade do governante, o que precisa ainda ser debatido e recuperado em cada ciclo da história.

A participação do Estado enquanto pessoa jurídica de direito público na vida social é indiscutivelmente grande em todos os momentos da cultura ocidental, principalmente após a Segunda Guerra Mundial, tendo ele adquirido um conteúdo econômico e social, para realizar, dentro de seus quadros, a nova ordem de trabalho e distribuição de bens (o Estado Social de Direito). "O Estado Social de Direito correspondia a essa necessidade, opondo-se à anarquia econômica e à ditadura para resguardar os valores da civilização."[118]

O modelo de Estado Social de Direito é recepcionado pela Constituição de Bonn, em 1949, qualificando a Alemanha como um Estado Democrático e Social de Direito, que busca fundamentalmente a justiça e bem-estar social, mesmo que de forma discursiva e meramente formal.

---

[117] Vai-se retomar este tema mais adiante, quando da crítica a este modelo. Entretanto, é oportuno lembrar a posição de Poggi (1981: p.139).: "... a forma motivadora de tal noção é relativamente frágil porque não evoca um poderoso ideal substantivo, um padrão universalmente compartilhado de validade intrínseca mas, pelo contrário, refere-se a considerações puramente formais e sem conteúdo de correção processual."

[118] Neto (1979: p. 165).

Nesse contexto, é possível perceber o surgimento de um discurso ideológico que pretende assegurar uma certa lógica aos poderes instituídos, fazendo com que as divisões e as diferenças sociais apareçam como simples diversidade das condições de vida de cada cidadão, e a multiplicidade de instituições forjadas pelo e no Estado, longe de representar pluralidades conflituosas, surgem como conjunto de esferas identificadas umas às outras, harmoniosa e funcionalmente entrelaçadas, condição para que um poder unitário se exerça sobre a totalidade do social e apareça, portanto, dotado da aura da universalidade, que não teria se se fosse obrigado a admitir realmente a divisão efetivada da sociedade em classes[119]. Lembra Marilena Chaui[120] que:

"Para ser posto como o representante da sociedade no seu todo, o discurso do poder já precisa ser um discurso ideológico, na medida em que este se caracteriza, justamente, pelo ocultamento da divisão, da diferença e da contradição."

Quando se fala em Estado de Direito, ao menos no âmbito da era contemporânea, pode-se frisar como características, por um lado, as fornecidas por Elias Diaz[121]:

"a) império da lei: lei como expressão da vontade geral; b) Divisão dos Poderes: Legislativo, Executivo e Judiciário; c) Legalidade da Administração: atuação segundo a lei e suficiente controle judicial; d) Direitos e liberdades fundamentais: garantia jurídico-formal e efetiva realização material."

Deve-se considerar, por oportuno, que, nos países do denominado *common law*, desde a revolução de

---

[119] Veja-se que, se tal divisão fosse reconhecida, teria o Estado de assumir-se a si mesmo como representante de uma das classes da sociedade.

[120] Chaui (1989: p. 21).

[121] Diaz (1975: p. 29).

Cromwell, encontram-se demarcados os pressupostos do *rule of law*, sintetizados em três pontos por Dicey[122]: a) a ausência de poder arbitrário por parte do Governo; b) a igualdade perante a Lei; c) as regras da Constituição são a conseqüência, e não a fonte dos direitos individuais, pois, os princípios gerais da Carta Política são o resultado de decisões judiciais que determinam os direitos dos particulares em casos trazidos perante as cortes.

A reflexão de Carl Schmitt sobre o problema do império da lei enquanto característica dos Estados Democráticos de Direito lança uma severa crítica que justifica a postura da norma jurídica vinculante à idéia de representante da vontade geral.

Alerta o autor[123] que, pelo postulado do Estado Legatário, o império da lei pode tanto dizer respeito a uma norma jurídica positivada, como a um mandato ou a uma medida governamental, imposta de forma imperativa por quem detém o poder.

Assim, para que o império da lei conserve sua conexão com o perfeito conceito de Estado de Direito, é necessário introduzir no conceito de Lei certas qualidades que possibilitem a distinção entre uma norma jurídica e um simples mandato ou vontade discricionária[124].

Já que os ideólogos que iniciaram a usar a expressão *Estado de Direito* o fizeram para contrapor e enfrentar o absolutismo e o Estado de Força, mister é que se estabeleça a necessidade de afastar qualquer possibilidade do império de vontades e interesses privados, pois, pelo simples fato de ter-se derrotado o símbolo do

---

[122] Dicey (1981: p. 202).

[123] Schimitt (1982).

[124] A própria doutrina medieval sobre os parâmetros e limitações dos atos do Soberano já contempla a relativização do poder, afirmando que todo o ato deste Soberano que rompe os limites postos pelo Direito Natural é formalmente nulo e írrito, e, por tal razão, cada juiz que tem de aplicar a lei deve afastar não apenas todo o ato executivo ilegal, mas toda a lei *ilegal*, mesmo se promulgada pelo Papa ou pelo Imperador. Neste sentido, ver a obra de Gierke (1978: p. 73).

absolutismo, o rei, e haver-se estendido a ideologia liberal aos demais príncipes europeus, fazendo-os jurar o respeito à Constituição, acredita-se ter sido construído em bases inquestionáveis o Estado de Direito, o que, em verdade, inocorre.

Como se disse, o império da lei deve significar que o legislador mesmo se vincule à própria lei que cria, tendo presente que a faculdade de legislar não é instrumento para uma dominação arbitrária. Não bastasse isto, para Schmitt, esta vinculação do legislador à lei só é possível na medida em que ela seja constituída com certas propriedades/pressupostos: moralidade, razoabilidade e justiça, por exemplo.

> "Schmitt, sin proponérselo, al presentar la exigencia de ciertas propiedades que ha de tener la norma legal, recurre a la definición clásica de ley como la ordenación recta de la razón; y nos remite al concepto de lo justo."[125]

De forma muito clara, Carl Schmitt lembra que a proclamação do Estado de Direito, enquanto grande conquista das revoluções liberais, constitui-se de uma proclamação abstrata que dá margem a uma série de desmandos, ao amparar, pela forma da lei, várias discricionariedades dos poderes instituídos, já que as disposições ditadas pelo Legislativo se consideram normas vigentes e vinculantes independentes de seu conteúdo (para o conceito formal de lei, esta será o resultado de um processo meramente institucional, preestabelecido).

> "La validez simplesmente formal de las leyes establece el contraste entre ley y justicia, así como dentro de la recta razón de la ordenación legal con miras al bien común y la voluntad del legislador; o en otros términos, entre el imperio de la ordenación racional y el imperio de la voluntad del hombre."[126]

---

[125] Hurtado (1986: pp. 243/244).

[126] Hurtado (1986: p. 245).

Enfim, junto à cosmovisão liberal, somente a lei é a regra geral. Para tanto, ela dispõe *in abstracto* para reger todos os casos da mesma natureza, concebida sem acepção de pessoas, destinada, pois, a se aplicar a todos os indivíduos que se achem nas condições por ela prevista. Desta forma, ao limitar a liberdade em vista das exigências sociais, a lei necessariamente impõe em todos os casos os mesmos limites para todos os homens, e nisto já reside uma garantia de que ela servirá à justiça.

Encarado sob o ponto de vista do indivíduo/cidadão - mediação abstrata entre sociedade e Estado - contém o princípio da legalidade a afirmação da liberdade como regra geral. Equivale a dizer que cada homem é livre de fazer tudo o que a lei não lhe proíbe. Diante disto, o homem está obrigado a fazer tão-somente o que a lei lhe determina, estando o Estado impedido de exigir deste indivíduo o que não é previsto em lei. Sendo regra geral, a lei é regra igual para todos, e, conforme demonstra Terré[127], criticamente, simboliza garantias institucionais de um bom governo.

Esta leitura do Estado Democrático de Direito como condição e possibilidade de governo regido pelos termos da Lei não é suficiente quando se pretende enfrentar os conteúdos reais da existência de sociedades dominadas pelas contradições econômicas e culturais e de cidadanias esfaceladas em sua consciência política.

Em outras palavras, a Democracia Liberal, ao designar um único e verdadeiro padrão de organização institucional baseado na liberdade tutelada pela lei, na igualdade formal, na certeza jurídica, no equilíbrio entre os poderes do Estado, abre caminho à conquista da unanimidade dum conjunto de atitudes, hábitos e procedimentos, os quais, geralmente, refletem a reprodução do *status quo*. Em tal quadro, compete ao Estado de Direito tão-somente regular as formas de convivência

---

[127] Terré (1980: p. 22).

social e garantir sua conservação; a economia se converte numa questão eminentemente privada, e o direito, por sua vez, se torna predominantemente direito civil, consagrando os princípios jurídicos fundamentais ao desenvolvimento capitalista, como os da autonomia da vontade, da livre disposição contratual e o da *pacta sunt servanda*.

É bom lembrar as palavras de José Eduardo Faria:

> "Ao regular as relações e os conflitos sociais num plano de elevada abstração conceitual, sob a forma de um sistema normativo coerentemente articulado do ponto de vista lógico-formal, a lei nada mais é do que uma ficção a cumprir uma função pragmática precisa: fixar os limites das reações sociais, programando comportamentos, calibrando expectativas e induzindo à obediência no sentido de uma vigorosa prontidão generalizada de todos os cidadãos, para a aceitação passiva das normas gerais e impessoais, ou seja, das prescrições ainda indeterminadas quanto ao seu conteúdo concreto."[128]

Para José Maria Gomez[129], contrariamente ao que defende a doutrina do Estado de Direito, o jurídico é antes de mais nada político; o direito positivo não é uma dimensão autônoma do político e um fundamento do Estado, mas uma forma constitutiva do mesmo e submetido a suas determinações gerais. Diz o autor que o culto da lei e a separação dos poderes se interpõem como véu ideológico que dissimula e inverte a natureza eminentemente política do direito.

---

[128] Na obra *O Direito e a Justiça*, op. cit., p.134. No mesmo texto, o autor adverte para o uso deste recurso pelo sistema estatal vigente, valendo-se de normas crescentemente indeterminadas e conceitualmente abstratas termina por representar, sob a fachada de um formalismo jurídico dotado de funcionalidade legitimadora, a concentração dos processos decisórios no interior da ordem burocrática institucionalizada pelas esferas de poder oficiais, voltada à articulação, negociação e ajuste dos interesses dos grupos sociais e frações de classe mais mobilizadas.

[129] Gomez (1984: p. 107).

Aliás, no Brasil, alguns constitucionalistas como Manoel Gonçalves Ferreira Filho[130], resistindo à própria idéia de politização do chamado Estado de Direito, vêem, de forma negativa, a Lei como um instrumento político, um meio para a realização de uma política governamental, motivo por que não se legitima por um conteúdo de justiça, e sim por ser expressão da vontade política do povo ou do governo. Assim, "a politização das leis fere, não raro, a racionalidade do Direito, gera leis irracionais."[131]

Com tal perspectiva, eminentemente formalista e neutral, há uma tendência ainda majoritária, principalmente na América Latina, de se reduzir o modelo de Estado de Direito a uma vinculação e controle do ordenamento jurídico vigente, sem, portanto, dar-se atenção ao processo legislativo como um *forum* de enfrentamento ideológico e político, mas tão-somente técnico; ou perceber-se que, do mesmo modo que o Estado denominado de Direito, o próprio Direito e a Lei representam uma forma condensada das relações de força entre os grupos sociais que determinam a sua origem, seu conteúdo e a lógica de seu funcionamento.

Com isto, o processo de proteção e vigência dos Direitos Humanos se restringe às matérias positivadas, havendo igual rechaço pelos denominados direitos de terceira ou quarta geração (direito à paz, ao meio ambiente sadio, respeito ao patrimônio comum da humanidade), pois taxados, antes, como:

"aspirações, desejos, reivindicações, do que direitos propriamente ditos, dotados de exigibilidade e coercibilidade."[132]

---

[130] Ferreira (1990); Russomano (1978); Franco (1968); Bastos (1990); Cretella Jr. (1988).

[131] Gomez (1984: p. 47).

[132] Gomez (1984: p. 45).

Pode-se dizer, enfim, que a idéia de Estado Democrático de Direito, como o próprio tema da Democracia, passa pela avaliação da eficácia e legitimidade dos procedimentos utilizados no exercício de gestão dos interesses públicos e sua própria demarcação, a partir de novos espaços ideológicos e novos instrumentos políticos de participação (por exemplo, as chamadas organizações populares de base), que expandem, como prática histórica, a dimensão democrática da construção social de uma cidadania contemporânea, representativa da intervenção consciente de novos sujeitos sociais neste processo. Como lembra Warat:

> "No existe nada de antemano establecido como sentido del Estado de derecho, la enunciación de sus sentidos sera permanentemente inventada para permitir una gobernabilidad no disociada de las condiciones democráticas de existencia."[133]

2. A democracia contemporânea

Os tempos hodiernos revelam um alto grau de complexidade na organização das sociedades ocidentais, isto tanto em nível de relações humanas formais como informais. Os mais diversos segmentos e interesses dos indivíduos fez surgir uma plêiade de situações e contingências que tomam dimensões coletivas e difusas, fazendo com que se criem mobilizações políticas, econômicas e jurídicas setoriais, como o movimento dos consumidores, organizações de atividades econômicas e culturais não-governamentais, núcleos de proteção ao meio ambiente, etc.

Os acontecimentos desencadeados no Leste Europeu entre 1989 e 1991, além de implodir o modelo do

---

[133] Warat (1994: p. 18).

denominado socialismo real, contribuem para esta brusca alteração de padrões de comportamento e posturas diante do cotidiano, marcada pelo universo de leituras e significações ainda em processo de decodificação[134].

O que se pode evidenciar de pronto é que a lógica bipolar para entender o mundo em que se vive e conjecturar acerca do que se aproxima, já não é capaz de alcançar seu objeto, pois se está em meio de um processo extremamente fluido de mudanças políticas, econômicas, tecnológicas e culturais, que reclamam novas categorias de análise e o abandono de certos reducionismos tradicionais da teoria política.

"O sinal mais visível do fim da ordem mundial bipolar são as cerca de quarenta guerras civis declaradas atualmente em curso em todo o mundo. Nem mesmo é possível precisar seu número, já que o caos não se deixa quantificar. Tudo indica que no futuro esses conflitos tendem a multiplicar-se, não a reduzir-se."[135]

Pode-se vislumbrar nos países ocidentais a existência ainda de um estado de guerra, porém eminentemente molecular, totalmente esvaziado de conteúdo e fundamentos ideológicos. As guerras de quadrilhas nos guetos norte-americanos não se enquadram no esquema das históricas lutas de classe, assim como a leitura destes fatos baseada na oposição entre brancos e negros revela-se insuficiente à justificação do fenômeno, porque as vítimas de assaltos, pilhagens e assassinatos são sobretudo os próprios negros[136].

---

[134] Falo aqui do entusiasmo afoito de setores conservadores da intelectualidade *clichê* dos grandes centros culturais, os quais decretaram o fim da história, bem como de desencantado nihilismo em que recaíram amplos setores progressistas.

[135] Enzensberger (1995: p. 11).

[136] Enzensberger, no mesmo livro, lembra que, se o terror do passado era um monopólio dos regimes totalitários, hoje ele reaparece de forma independente do Estado. Assim, qualquer trem de metrô pode tornar-se uma Bósnia em miniatura.

A implosão do sistema soviético - atingido pelo tratamento dado a temas globalistas e pela crescente superioridade do sistema econômico ocidental - ocorrida concomitantemente à crise do *Welfare State*, fez com que se percebesse de forma mais nítida o crescimento de políticas neoconservadoras que propagam os pressupostos da eficiência e governabilidade como indicadores de progresso social.

> "Con apoyo de las concepciones económico-filosóficas de F. Von Hayek y de Milton Fridman, el pensamiento neoconservador se tornó modélico con la política de Margaret Tatcher en Inglaterra y de Ronald Reagan en Estados Unidos; proyectando su influencia no sólo sobre América Latina y otras regiones del Tercer Mundo, sino también sobre las evolucionadas socialdemocracias europeas."[137]

A questão da democracia, diante de tal quadro, precisa de igual forma ser repensada, inclusive para demarcar as condições e possibilidades de sua identidade e existência, coisa que as denominadas teorias do anacronismo[138] não podem satisfatoriamente responder, e isto porque o capitalismo real tampouco tem sido exitoso em resolver os graves problemas que afetam a humanidade, pois o produtivismo hipertrofiado, que se encontra na base de sua filosofia, tem terminado por colocar em crise o próprio equilíbrio ecossistêmico.

Mesmo com o advento dos Direitos Humanos e seu reconhecimento internacional e jurídico, percebe-se que as relações entre homens e mulheres, negros e brancos, entre as classes trabalhadoras, média e alta e entre vários grupos étnicos não permitem que direitos reconhecidos formalmente sejam realmente concretizados.

---

[137] Cárcova (1993: pp. 34/35).

[138] Tais teorias entendem que todos os conflitos relevantes ocorridos na sociedade contemporânea não passam de crises de adequação à globalização do mundo e dos mercados.

Desta forma, também se visualiza com facilidade que a idéia tradicional de Estado de Direito deixa de realizar uma avaliação da liberdade prevista e garantida pela lei em cotejo com a igualdade material vigente, quando, de acordo com o posicionamento até agora mantido, uma avaliação da democracia deve ser feita com base nos procedimentos e garantias que são tangíveis e capazes de ser estruturados dentro das esferas tanto do Estado quanto da sociedade civil. Se estas garantias e procedimentos não têm um conteúdo concreto - na forma de garantias e procedimentos particulares e coletivos - dificilmente pode-se considerá-los como algo que tem conseqüências profundas na vida diária das pessoas, o que demonstra serem meros instrumentos retóricos de projetos políticos privados, mediados pelo Estado.

Adverte David Held que,

> "uma vez que o entrelaçamento do Estado e da sociedade civil deixa poucas, ou nenhuma, das esferas da vida privada intocadas pela política, a questão da forma correta de regulamentação democrática apresenta-se vivamente. Qual forma o controle democrático deveria assumir e qual deveria ser a esfera do processo democrático de tomada de decisões: estas se tornam questões urgentes."[139]

De outro lado, sabe-se que as instituições da democracia direta ou da auto-administração, não podem simplesmente substituir o Estado; pois, como previu Weber[140], elas deixam um vácuo de coordenação que é prontamente preenchido pela burocracia.

> "En resumen, el mundo que llamamos capitalista es una globalidad heterogénea de historias y culturas, en las que planificación y mercado, libertad y dicta-

---

[139] Held (1995: p. 231).

[140] Weber (1983).

dura, integración y marginalidad, democracia y autocracia se combinan en cambiantes y sorpresivas proporciones. Lo expuesto no excluye el reconocimiento y el peso determinante de las hegemonías que lo estructuran a escala planetaria, pero resulta útil para pensar de qué manera una democracia social post-comunista, podría constituirse, qué valores conservaría y qué otros habría de incluir en el proyecto, como demandas de nuevo tipo."[141]

A contribuição de Poulantzas e Macpherson para esta reflexão, a despeito das críticas que possam existir, parece que vem ao encontro dos pressupostos do Estado Democrático de Direito que ora se desenha como devir.

Para o primeiro, o Estado deve ser democratizado, tornando o parlamento, as burocracias estatais e os partidos políticos mais abertos e responsáveis, enquanto novas formas de lutas a nível local (sindicatos, movimento feminista, grupos ecológicos) devem assegurar que a sociedade, tanto quanto o Estado, seja democratizada, ou seja, sujeita a procedimentos que assegurem a responsabilidade[142].

Macpherson, buscando subsídios em J. S. Mill, e indo além dele, como já se viu nos capítulos anteriores, afirma que a liberdade e o desenvolvimento individual só podem ser plenamente atingidos com o envolvimento direto e contínuo dos cidadãos na regulação da sociedade e do Estado.

Estas reflexões se fundam na crença de que, se as pessoas sabem que existem oportunidades para participação efetiva no processo de tomada de decisões, elas provavelmente acreditarão que a participação vale a

---

[141] Cárcova (1993: p. 41).

[142] Poulantzas (1978), faz uma severa crítica contra a ampliação dos poderes do Estado, tanto da social-democracia como do socialismo real, realizando uma criativa construção de um socialismo alternativo, democrático e autogestionário.

pena, provavelmente participarão ativamente e provavelmente considerarão que as decisões coletivas devem ser obedecidas.

Enquanto os direitos à autodeterminação se aplicarem somente à esfera do governo, a democracia não apenas estará restrita em significado ao voto periódico ocasional, mas também contará pouco na determinação da qualidade de vida de muitas pessoas. Para que a autodeterminação possa ser conquistada, os direitos ditos democráticos precisam ser estendidos do Estado a outras instituições centrais da sociedade, pois a estrutura do moderno mundo corporativo torna essencial que os direitos políticos dos cidadãos sejam complementados por um conjunto similar de direitos na esfera do trabalho e das relações comunais.

Sem dúvida que, muitas das instituições centrais do tradicional Estado de Direito, como os partidos concorrentes e as eleições periódicas, são elementos inevitáveis de uma sociedade que se pretende democrática, até porque constituem mecanismos de veiculação histórica de demandas sociais, incrustados no imaginário coletivo dos cidadãos. A participação e o controle diretos sobre elementos locais imediatos, complementados por competição entre partidos políticos e órgãos não-governamentais nos assuntos que envolvam interesses públicos, podem promover, de forma mais imediata, os princípios de um Estado Democrático de Direito.

Deve-se concluir, com tal reflexão, que esta sociedade democrática ou o Estado Democrático de Direito deve-se caracterizar pela experimentalidade, capaz de realizar experiências na constância do debate amplo e massivo das estruturas rígidas até agora impostas pelo capital privado, pelas relações de classe e outras assimetrias de poder[143].

---

[143] Vai neste sentido a advertência de Cárcova (1993:p.48), quando diz que a experiência da democracia deve consistir no reconhecimento da multiplicidade das lógicas sociais, tanto como na necessidade de sua articulação,

Em outros termos, não basta que se garanta a liberdade política, pois os individíduos devem ter a possibilidade de expressar-se e de ser considerados como tais, para que um sistema social possa chamar-se democrático e essa possibilidade de expressão deve ser matéria de um reconhecimento efetivo, materializado nas práticas de interação social.

Nas sociedades complexas deste fim de século, circunstâncias como a pobreza extrema, as enfermidades, a falta de habitação e alimentação, a inexistência de informação e educação inviabilizam as condições e possibilidades de uma comunidade e um Estado Democrático, por isto a necessidade de se repensar a problemática da efetiva proteção (e interpretação) dos Direitos Humanos e o que isto implica à demarcação de um Estado Democrático de Direito.

3. O Estado de Direito na América Latina

Assim como na Europa, na América Latina os eventos da Primeira Guerra Mundial e a Grande Depressão de 1929 se fizeram sentir marcadamente, fazendo explodir o modelo do velho Estado Liberal. A partir daí, a política se transformou em um assunto de massas, que torna impossível conter a contradição entre o sistema capitalista concentrador e uma possível idéia de democracia. A cidadania precisou ser estendida, mesmo a contragosto do establishment, ao conjunto cada vez maior de indivíduos e grupos cientes de seus direitos fundamentais.

Deste modo, o velho Estado do liberalismo aristocrático, que havia feito do *laissez-faire* um verdadeiro dogma, foi substituído, mediante uma diversidade de

estando-se sempre ciente de que, esta última deve ser constantemente recriada e renegociada.

caminhos influenciados pelas tradições de luta popular e pelas instituições politicamente prevalecentes em cada sociedade concreta, por nova forma política que, à diferença da anterior, se assentava sobre o terreno mais sólido, mas também mais ameaçador da integração das massas e da legitimação popular do domínio burguês. Nas palavras de Atilio Boron,

"Produziu-se dessa maneira o trânsito do velho Estado elitista e censitário - o gendarme noturno da mitologia liberal - ao Estado keynesiano de massas, benefactor e empresário ao mesmo tempo."[144]

Tal circunstância também pode ser facilmente constatada no período do segundo pós-guerra, oportunidade em que se presencia o crescimento das economias capitalistas avançadas (o que constitui o núcleo do sistema mundial). Esse auge extraordinário criou as condições necessárias para absorver as graves tensões subjacentes ao funcionamento da denominada democracia latino-americana, graças à inédita expansão do Estado intervencionista, que, na sua fase conhecida como a recomposição keynesiana do capitalismo, assume funções de vital importância como regulador e estabilizador do ciclo de acumulação e ativo mediador no conflito de interesses institucionalizado pelo novo regime de hegemonia, instalado principalmente na órbita do Estado.

Fazer-se uma avaliação desta ordem no panorama latino-americano no desenrolar das últimas décadas serve para constatar a difícil e complexa situação em que se encontra a região. No mesmo momento em que se verifica a existência de um otimismo desmedido na política, é possível evidenciar diagnósticos negativos na economia.

---

[144] Boron (1994: p. 21).

A incompleta e demorada derrota dos regimes autoritários nos países que compõem a América Latina, responsáveis, entre tantas desgraças, por maciças violações aos direitos humanos, e o início de uma longa e complicada fase de transição democrática, foram acompanhados por um saudável ressurgimento do interesse em discutir a rica multiplicidade de significados contidos na proposta democrática e na própria idéia de Estado, isto levando em conta a nociva ingerência americana nos golpes militares que foram realizados aqui, entre outros o do Brasil, em 1964, o da Argentina, em 1966, e o do Chile, em 1973.

As crises que se manifestam na América Latina nas décadas de 70 e 80 são resquícios de uma maior em outros continentes, acarretando uma mudança na relação de forças a nível mundial[145]. Com o encrudescimento do contexto político e econômico em 1982, eclodem as transições políticas, começando com a Bolívia, depois a Argentina, posteriormente o Brasil e o Uruguai, até que se instalou no Paraguai, em fevereiro de 1989, o mesmo processo e, em março de 1990, no Chile.

Neste processo, alguns, entre os quais se inclui um segmento importante da esquerda latino-americana, além dos tradicionais representantes das posições neoconservadoras, aderiram a uma concepção que sustenta que a democracia é um projeto que se esgota na normalização das instituições políticas, motivo por que a sua instauração se reduz à criação e institucionalização de uma simples ordem política[146].

---

[145] Citam-se, por exemplo, as crises no Cone Sul, envolvendo o Chile da Unidad Popular e o projeto de Frente Amplio no Uruguai; na América Central, a revolução sandinista; em Granada e na Jamaica, a ascensão das forças progressistas; Cuba, realizando a Sexta Reunião de Cúpula dos Países Não-Alinhados, em 1979; etc.

[146] Em outras palavras, um sistema de regras do jogo que faz abstração de seus conteúdos éticos e da natureza profunda dos antagonismos sociais, cingindo-se o seu núcleo de preocupação em problemas de governabilidade e eficácia administrativa.

DIREITOS HUMANOS NO BRASIL
Desafios à democracia

Estas concepções schumpeterianas, que reduzem a democracia a uma questão de método, dissociada completamente dos fins, valores e interesses que animam a luta dos atores coletivos, todavia, não se sustentam diante da sua significação enquanto condição da sociedade civil.

Vale a advertência de José Nun[147] quando diz que, uma coisa é conceber a democracia como um método para a formulação e tomada de decisões no âmbito estatal; e outra bem distinta imaginá-la como uma forma de vida, como um modo cotidiano de relação entre homens e mulheres que orienta e que regula o conjunto das atividades de uma comunidade.

Bem ou mal, alguns avanços políticos foram registrados nos anos 80, porém, acompanhados por uma marcada piora das condições de vida das grandes maiorias nacionais, revelando que o denominado processo de redemocratização vem acompanhado pela pauperização de extensas faixas da sociedade civil.

Tais fatos alteraram o caráter das lutas populares neste continente, tendo como eixo principal os temas fundantes da teoria democrática clássica e complementando-os com as novas preocupações pela justiça e pela igualdade, tudo convertido em componentes essenciais das novas reivindicações democráticas.

Estranhamente, no bojo deste debate, o Estado não tem figurado como protagonista, como se os conflitos sociais não-resolvidos e a instrumentação dos projetos políticos ocorressem à margem da esfera estatal. Mas isto, apenas aparente e casuisticamente, pois em tais períodos o aparelho do Estado funciona como mediador dos interesses de uma classe ou grupo determinado[148].

A questão crucial é até que ponto pode progredir e se consolidar a democracia em um quadro de miséria

---

[147] Boron (1989: p. 61).

[148] Rouquié (1982).

generalizada como o que afeta os países latino-americanos, corroendo a cidadania substantiva das maiorias no exato momento em que se exalta sua emancipação política.

Pretende-se integrar politicamente as massas e, simultaneamente, se ensaiam políticas de ajuste que as excluem e as marginalizam; reafirma-se o valor do Estado como âmbito da justiça e como instância de redistribuição de renda e de recursos e, ao mesmo tempo, ele é sacrificado e desmantelado em função do reforçamento do mercado.

Daí que esta tensão entre espontaneidade dos movimentos sociais e a ordem social excludente só pode ser conciliada por um pacto democrático, isto é, um compromisso ético e, talvez, jurídico, dentro do qual deverá se desenvolver a ação social e estatal, sem dissolver as diferenças mediante o recurso a um princípio articulador simples e reducionista (nação, classe, mercado, etc), mas garantindo, ao mesmo tempo, uma ordem baseada em procedimentos reconhecidos como suportes válidos das decisões.

Aqui entra a proteção e ampliação dos direitos humanos como parâmetro deste pacto democrático, bem como da efetividade democrática de governos e ações políticas; como referencial necessário à observância da legitimidade das prioridades e projetos sociais modernos, demarcados a cada instante e época.

Esta noção de pacto define as condições de possibilidade da construção democrática no mundo moderno, vista também como o espaço de um processo de inovação.

"A democracia aparece, então, como uma construção permanente, apoiada na reciprocidade. Neste sentido, qualquer que seja a ordem econômico-social sobre que esteja organizada, o que supõe é uma capacidade de moderação do comportamento frente ao outro; no limite, uma teoria da democracia, nas sociedades modernas, equivale a uma teoria da política; a prática democrática se baseia na capacidade de reconhecimento do Outro e esse é o núcleo do discurso da política como alternativa ao discurso da guerra, colocado no objetivo de aniquilamento do Outro."[149]

O papel dos direitos humanos, sob este ângulo de garantias e aprofundamento democrático, tem-se limitado a simplesmente afirmar as liberdades civis e políticas inscritas na Lei, operando como prerrogativas cogentes e protegidas pela tutela jurisdicional de um Estado que se pretende neutral, e isto em presente muito recente, como bem lembra a história de ditaduras militares na América Latina.

Quer-se ressaltar, com José María Goméz[150], que não se questiona a consubstancialidade das liberdades conquistadas ou asseguradas formalmente à democracia moderna, eis que, além de definir seu telo ideológico e fazer parte das regras do jogo que constituem seu regime político, elas se afiguram como uma condição de possibilidade e um ponto de arranco de toda a dinâmica democratizadora das instituições e relações sociais básicas da sociedade.

O que se evidencia é que esta afirmação das liberdades fundamentais está revestida de uma linguagem mais próxima do constitucionalismo liberal do século XIX que das argumentações contemporâneas, ou seja, de um modelo inspirado na concepção de homem que afirma a natureza racional-moral e não-política de seus direitos inalienáveis e que acredita na eficácia dos mecanismos jurídicos da proteção contra as ameaças de opressão dos governantes.

Com este quadro, não se dá conta da multiplicidade de mecanismos formais e informais de violação dos

---

[149] Portantiero (1987: p. 158).

[150] Gómez (1988: p. 80).

direitos individuais e coletivos por parte de instâncias nacionais e internacionais de poder, nem se oportuniza vislumbrar os efeitos práticos de sua defesa e vigência na vida social e política.

Os atores concretos que interagem no cenário público, mas muitas vezes não-transparente, em nível de América Latina principalmente, podem ser indicados nas figuras dos governos constitucionais, dos movimentos de proteção dos direitos humanos e das forças armadas, todos interessados na busca de uma fórmula de tratamento do tema que atende suas contingências particulares.

Os movimentos de natureza civil citados tentam dar continuidade ao trabalho de defesa e promoção das prerrogativas sociais e políticas conquistadas em sede de direitos humanos, consagrando tal atividade como uma forma privilegiada de luta contra o terrorismo de Estado dos regimes militares.

As Forças Armadas, por sua vez, contemporaneamente, para evitar, através da denúncia dos direitos humanos como bandeira ideológica do inimigo subsversivo derrotado, que muitos de seus membros sejam responsabilizados pelos crimes cometidos sob as ditaduras, forjam acordos e políticas absolutamente corporativas com os governos recém-emancipados das tradições arbitrárias do exercício do poder.

A história jurídica e política da América Latina é pródiga nestes exemplos, denunciando a falta de seriedade dada aos direitos humanos e revelando um Estado privatizado por interesses de segmentos minoritários nos países respectivos.

Quer-se, no segmento deste trabalho, avaliar a realidade dos Estados e dos direitos humanos no Brasil, verificando se se pode alcançar conclusões sobre as possibilidades de um Estado Democrático de Direito em sua história cotidiana.

Capítulo III

A violação dos Direitos Humanos no Brasil e as condições e possibilidades do Estado Democrático de Direito

1. A violação dos Direitos Humanos no Brasil

Vimos nos tópicos anteriores que a tradição constitucional brasileira se caracteriza por absoluto casuísmo político de determinadas corporações nacionais e internacionais. A Lei é utilizada como instrumento de justificação das práticas governamentais totalitárias.

Os modelos de organização social e de formação do Estado, por sua vez, fogem de qualquer semelhança com os fundamentos teórico-clássicos que a história do Ocidente registra no tempo, principalmente no que tange à sua vinculação a uma concepção de homem e mundo racionalmente demarcadas por pressupostos filosóficos como os das escolas contratualista, liberal ou mesmo intervencionista.

Questões como a natureza do pacto social, da legitimidade do governo e do universo jurídico, da democracia e do respeito aos Direitos Humanos, têm lugar meramente formal no âmbito dos poderes instituídos.

Se desde o Império é possível evidenciar o destrato e o empobrecimento gradativo dos debates sobre temas de interesse público, ocorrendo uma absoluta cooptação privativista dos instrumentos de representação política

DIREITOS HUMANOS NO BRASIL
Desafios à democracia

no país, é, sem dúvida, no período de 1964 a 1979 que vai-se verificar a mais odiosa experiência de terror e violentação dos Direitos Humanos.

Com a edição do AI-5 e sob a sua sombra se praticam as maiores arbitrariedades a repercutir intensamente nos direitos dos cidadãos, que se vêem inteiramente desprotegidos e submetidos a uma onda de repressão até então nunca vista. O governo militar consegue exilar mais de doze mil pessoas, cerca de cinco mil cassações, só na área política.

No âmbito do direito comum, os esquadrões da morte, que vigem a partir de 1968, eliminam um número até hoje desconhecido de pessoas, deliqüentes ou não. A esse número somam-se as liquidações efetuadas pelo aparelhamento policial em nome da segurança e do restabelecimento da ordem.

Registram-se, ainda, as alterações levadas a efeito no texto constitucional e na edição de determinadas leis, como, dentre outras, as já citadas Lei de Imprensa, a Lei Antigreve, a Lei de Segurança Nacional, o Estatuto do Estrangeiro, para que o sistema encontrasse sua sustentação.

Francisco C. Weffort dá uma idéia clara do panorama geral brasileiro deste período:

"Nos dez anos que vão de 1964 a 1974, o sistema político formado durante o período democrático foi inteiramente destroçado. Não apenas foi destruído o sistema partidário, abolido em 1965, para dar lugar ao simulacro de bipartidarismo ARENA-MDB, o qual não passou durante os anos Médici de um exercício de ficção política. Nos anos de terror, após 1968, a própria imprensa tornou-se, através da censura, em um simulacro de si própria. Na ausência do *habeas corpus*, para mencionar logo o caso extremo, o sistema judiciário se anulou como poder independente. E o Congresso, destituído dos seus poderes e ameaçado pelo fantasma das cassações, converteu-se em cenário sem vida."[151].

Percebe-se que o modelo de Estado brasileiro se afigura como o que gerencia e coordena o terror institucional, pois estão na sua posse, avaliando-os com uma categoria weberiana, indivíduos que reivindicam para si o monopólio do exercício ilegítimo da violência.

O Estado é manejado como se fosse um objeto particular, alheio a qualquer finalidade pública e perdido por uma crise de identidade sem precedentes.

Na concepção política de alguns sociólogos brasileiros, o governo militar desde o golpe de 64 conseguiu criar um anti-Estado - tendo-se como paradigma estatal as construções teóricas anteriormente vistas - gerido por um conjunto desordenado de iniciativas políticas, todas tendentes ao arbítrio cada vez mais intenso de comandantes das Forças Armadas.

Em agosto de 1969, ocorre o episódio obscuro da enfermidade do Presidente Costa e Silva, afastando-o da presidência, oportunidade em que ocorre mais um golpe militar, porém, branco, impedindo a posse de Pedro Aleixo. Ato contínuo, a resistência armada no Brasil intensifica suas ações e parte para os seqüestros, exigindo em troca a liberdade de presos políticos; a Junta Militar está aguardando fatos como este para adotar a pena de morte e o banimento, tornando ainda mais duras as punições previstas na Lei de Segurança Nacional, e outorga a Emenda Constitucional nº 1. O Congresso é reaberto para referendar o nome do general Emílio Garrastazzu Médici, indicado para Presidente.

Com o lema "Segurança e Desenvolvimento", Médici dá início, em outubro de 1969, ao governo que representará o período mais absoluto de repressão, violência e supressão das liberdades individuais e políticas da história republicana. Desenvolve-se, através dos depar-

[151] Weffort (1984: p. 65).

tamentos e órgãos governamentais, um plano de ação que leva aos cárceres milhares de políticos e cidadãos, fazendo da tortura e do assassinato uma rotina.

Com a formação do Destacamento de Operações de Informações e o Centro de Operações de Defesa Interna (DOI-CODI), em janeiro de 1970, formaliza-se no Exército um comando que centraliza as ações das demais Armas e das polícias federal e estadual, no âmbito da repressão. Da mesma forma, em nível estadual, os militares ainda contam com o Departamento de Ordem Política e Social (DOPS) para lhes auxiliar nestas tarefas.

A história desta repressão registra o desrespeito absoluto das garantias individuais dos cidadãos, previstas na Constituição que os generais dizem respeitar, desencadeando uma prática sistemática de detenções na forma de seqüestro, sem qualquer mandado judicial nem observância de qualquer lei.

"A suspeita de subversão estendia-se a familiares e amigos das pessoas procuradas pelas forças policiais-militares. À luz da ideologia da Segurança Nacional, o inimigo não era apenas uma pessoa física, era um eixo de relações visto potencialmente como núcleo de organização ou partido revolucionário. Assim, os que se encontrassem ao lado da pessoa visada, ainda que por vinculações profissionais, efetivas ou consagüineas, eram indistintamente atingidos pela ação implacável dos agentes que encarnavam o poder do Estado."[152]

O número de pessoas envolvidas nestes expedientes do Estado de Segurança Nacional ainda hoje não é totalmente conhecido, porém, pode-se dizer que no auge da repressão, um universo de quase 8.000 (oito mil) pessoas foi diretamente atingido e violentado em seus direitos mínimos de cidadania, via inquéritos policiais

---

[152] Arquidiocese de São Paulo (1985: p. 79).

militares. Em razão de tais registros, também pode-se perceber quais as camadas sociais mais envolvidas - a classe média urbana; a faixa etária dos indiciados é majoritariamente inferior a 30 anos, grande parte com formação universitária; sendo que as acusações mais freqüentes dizem respeito à militância em organização partidária proibida e à participação em ação violenta ou armada.

No que tange ao controle jurisdicional sobre os abusos cometidos pelas forças do sistema, sabe-se das limitações impostas pelo próprio texto constitucional e pela ideologia conservadora de grande parte dos juristas brasileiros. Tanto é verdade, que o estudo levado à cabo pelo movimento do "Brasil: Nunca Mais", registra que, dos 6.385 indiciados em processos militares consultados, presos e torturados, apenas 1,4% dos casos foram comunicados regularmente à autoridade judicial[153].

Enquanto a esquerda radical - que escolhe a resistência armada, as guerrilhas urbana e rural - é reprimida e extinta por completo até 1973, outras vertentes de mobilização social surgem no cenário político, como as Comunidades Eclesiais de Base (CEB), congregando militantes católicos e privilegiando a lenta e gradual reorganização dos movimentos populares, tendo por núcleo os locais de trabalho e de moradia.

Até 1978, o regime de terror e violência impera no país de forma soberana, oportunidade em que se acirram as críticas ao sistema e à ideologia de Segurança Nacional, inclusive por organismos internacionais. Gradativamente são suprimidas as penas de morte e de prisão perpétua; impõe-se a possibilidade de cuidados com a saúde física e mental dos detidos; reduz-se os

---

[153] Op. cit., p. 88. É interessante lembrar que desde o Ato Institucional nº2, de 27 de outubro de 1965, passou à Justiça Militar a competência para processar e julgar os crimes contra a Segurança Nacional. Vige neste época a Lei nº 1.802, de 05 de janeiro de 1953, que tipifica os crimes contra o Estado e contra a ordem política e social.

prazos de incomunicabilidade, etc., tudo em nome do processo de abertura, redefinindo as regras do jogo político no Brasil contemporâneo.

Paralelamente ao movimento político e militar da época, crescem outros movimentos sociais e corporativos-democráticos, como a Associacão Brasileira de Imprensa (ABI), a Ordem dos Advogados do Brasil (OAB), o Comitê Brasileiro pela Anistia (CBA), que denunciam desaparecimentos de pessoas e divulgam a necessidade da anistia aos militares de esquerda. Nos bairros, as CEBs auxiliam movimentos como os do custo de vida, das creches, da saúde, dos loteamentos clandestinos. etc. Nas favelas, a crescente organização dos moradores resulta na criação de associações com força de representação para reivindicar a legalização dos terrenos ocupados.

Em 1979, primeiro ano de governo de João Baptista Figueiredo, indicado por Geisel e escolhido pelo Colégio Eleitoral, ocorrem mais de 400 greves envolvendo diversas categorias profissionais, o que evidencia a explícita irresignação da maior parte da sociedade para com o projeto de política econômica sustentado pelos militares, pois a cada dia os trabalhadores têm seus salários diminuídos pela inflação (77,2% em 1979) e pelas perdas causadas com as leis salariais.

Com o advento da Lei de Anistia, aprovada em agosto de 1979, membros do Exército e grupos paramilitares de extrema-direita, como o Comando de Caça aos Comunistas (CCC), iniciaram atentados contra simpatizantes da esquerda - seqüestro e explosão de bombas em entidades, residências de militantes, com vítimas fatais e vários feridos. Entre estas ações destaca-se a do Riocentro, no Rio de Janeiro, onde explodiram duas bombas durante um show comemorativo ao Dia do Trabalho, em 30 de abril de 1981. Uma das bombas, colocada numa caixa de força, não fez vítimas; a outra explodiu num carro ocupado por dois funcionários do DOI-CODI, matando um deles e ferindo o outro.

O quadro é de crise geral. O país está sem Constituição legítima, o eleitor não conta com uma organização partidária autêntica; o governo se vê diante da desconfiança dos governados, e, portanto, sem apoio para debelar os efeitos da crise que ele mesmo gerou; a sociedade não possui instrumentos de poder indispensáveis a uma afirmação de hegemonia; o Congresso não tem autoridade e tampouco prerrogativas para reestabelecer o equilíbrio dos Poderes, usurpados pelo Executivo militar desde 1964.

Esta instabilidade política e econômica vai ser a tônica da vida política brasileira até os governos da década de 1990.

2. A Constituição de 1988 e os Direitos Humanos

Após a posse dos governadores eleitos em 1982 (12 do Partido Democrático Social, 10 do Partido do Movimento Democrático Brasileiro e 1 do Partido Democrático Trabalhista), a idéia das eleições diretas adquire força. Defendida pelo PMDB, pelo Partido dos Trabalhadores e por parte do PDS, desencadeia a campanha das "Diretas-já", iniciada no final de 1983, para pressionar o governo e os políticos contrários à emenda Dante de Oliveira, que tramita no Congresso propondo eleições diretas para Presidente.

Não aprovada a emenda por falta de votos necessários[154], a sucessão de Figueiredo restringe-se a um acerto entre políticos, conseguindo a oposição, com Tancredo Neves, eleger indiretamente o novo Presidente, que não toma posse, em razão de sua morte, oportunizando que

---

[154] A Emenda é votada faltando ao plenário 112 deputados do PDS, recebendo 298 votos favoráveis, 65 contra e 3 abstenções, números que não garantem a fração de 2/3 necessária à aprovação.

novamente a linha mais conservadora da direita tome o poder, com José Sarney.

Em setembro de 1985, sob a presidência do jurista Afonso Arinos de Mello Franco, é instalalda a Comissão de Estudos Constitucionais, com o objetivo de elaborar um anteprojeto de Constituição. Em novembro do mesmo ano, são eleitos Senadores e Deputados com a incumbência de formar a Assembléia Nacional Constituinte e dar vida à nova Carta Política.

No que tange ao tema dos direitos humanos, os debates na Constituinte desencadeiam curiosa e preocupante atenção de juristas, políticos, sociólogos e organizações não-governamentais.

Paulo Sérgio Pinheiro, em artigo escrito em 1987, assevera que:

"A Constituinte não pode ser obra exclusiva de juristas. O processo constituinte não se inicia a partir do momento em que os representantes constituintes se reúnem, mas terão de enfrentar as condições de existência das classes populares, da maioria da população do Brasil. Os direitos civis dos cidadãos não podem continuar recebendo o tratamento formalista da tradição brasileira, limitado à referência retórica, mero disfarce para uma hegemonia das classes dominantes sempre escoradas na violência aberta."[155]

Numa sociedade em que há brutal concentração de renda e terras, analfabetismo generalizado, condições inumanas de salário e habitação, desemprego, inflação galopante, mortalidade em todas as faixas etárias em razão da desnutrição, etc., as mudanças e reformas precisam ser estruturais e de conjunto, não bastando eleger a Constituição como panacéia salvadora.

---

[155] Pinheiro (1987: p. 35).

De outro lado, pouco se investiga ou debate sobre a questão da legitimidade do Poder Constituinte brasileiro de 1988, matéria tão importante na demarcação dos limites e conquistas da ordem jurídica e social. O Congresso brasileiro de 1986, tendo como referência um projeto de Carta Política elaborado pelo grupo de notáveis, representantes de elites econômicas e políticos profissionais, pretende, com algumas pinceladas na fachada do texto, apresentá-lo como o resultado legítimo de um novo pacto.

Com este comportamento, os parlamentares querem convergir a idéia de legitimidade à de legalidade, usurpando-lhe qualquer conotação política ou filosófica.

Entretanto, como já dissemos em capítulo anterior[156], a realidade factual e histórica, impondo-se diante do conservadorismo social, fez irromper uma relação de enfrentamento e, por vezes, de contestação da legalidade e do próprio poder com a legitimidade, servindo esta como instrumental de crítica aos desmandos e arbítrios impostos por uma hegemonia política de grupos sociais minoritários.

Pode-se dizer, assim, que no Brasil da Constituinte de 1986 existiram dois poderes constituintes: um que se sujeitava a uma disciplina jurídica e hierárquica estabelecida pela própria Constituição vigente ou por normas de natureza constitucional, exercido pelo Congresso Nacional; outro, de menor participação, que se encontra junto às categorias sociais, atuando e se mobilizando à margem do quadro normativo formal, o qual se encontrava nas lutas e reinvindicações populares e nas corporações democráticas supracitadas.

Ora, se é verdade que a ordem constitucional e jurídica deve ser aceita como legítima pelos governados na medida em que estes reconhecem como válidos e necessários os valores e princípios que justificam as

---

[156] Ver reflexão sobre a legitimidade desenvolvida no capítulo II. b.

obrigações jurídico-políticas impostas por aquela[157], então, o poder não se impõe por si próprio, nem a ordem instituída, eis que não possuem legitimidade a partir de seus comandos normativos ou políticos, tampouco a obediência e a submissão são um dever por tais fundamentos, mas é necessário e imprescindível que a obediência se apóie no reconhecimento e consentimento por parte dos governados, senão todos, ao menos a maioria.

A Assembléia Constituinte que "elabora" a Constituição de 1988 não demonstra no próprio processo de construção da nova Carta respeito à representação popular que a constitui, deixando de interagir com as reais e profundas demandas sociais. Com tal feição, o Congresso se utiliza de práticas fisiológicas e clientelísticas, fazendo com o que o jogo político continue significativamente dependente das negociações que se travam no âmbito do Executivo. Esta é a crise de identidade do Poder Legislativo, causando sérios transtornos às possibilidades de Democracia brasileira[158].

Entre avanços e recuos, a Constituinte consegue, pela insistência de poucos segmentos políticos, alinhavando compromissos em torno de temas ligados a grande parte da população brasileira, insculpir no texto final matérias de ampla abrangência social, contemplando varias gerações dos direitos humanos.

A despeito de se saber que o grau de efetividade na garantia dos direitos humanos independe da qualidade de seu enunciado normativo, é imperioso que se reconheça a abertura política e jurídica prestada pela nova Constituição a este fim.

Levando em conta o grau de miserabilidade do povo brasileiro, atingindo quase 2/3 dos cidadãos, os direitos humanos de primeira geração, fruto da sedimentação da cultura burguesa, pouco interesse repre-

---

[157] Como defendemos no capítulo II. c deste trabalho.

[158] Neste sentido, ver ótimo texto de Bonavides, (1987: p. 373).

sentam no quadro político e econômico nacional, porque negados pelo funcionamento do próprio sistema. Entretanto, podem-se perceber avanços formais na enunciação constitucional de proteção aos direitos humanos de segunda, terceira e quarta gerações.

Pode-se afirmar que, como referencial jurídico, a Carta de 1988 alargou significativamente a abrangência dos direitos e garantias fundamentais, e, desde o seu preâmbulo, prevê a edificação de um Estado Democrático de Direito no país, com o objetivo de assegurar o exercício dos direitos sociais e individuais, a liberdade, a segurança, o bem-estar, o desenvolvimento, a igualdade e a justiça, como valores supremos de uma sociedade fraterna, pluralista e sem preconceitos.

Nos seus artigos introdutórios, a Constituição estabelece um conjunto de princípios que delimitam os fundamentos e os objetivos da República. Dentre estes, destacam-se a cidadania e a dignidade da pessoa humana (arts. 1º e 3º).

Assim, construir uma sociedade livre, justa e solidária, garantir o desenvolvimento nacional, erradicar a pobreza e a marginalização, reduzir as desigualdades sociais e regionais e promover o bem de todos sem preconceitos de origem, raça, cor, sexo, idade e quaisquer outras formas de discriminação, constituem os objetivos fundamentais do Estado brasileiro.

Pode-se perceber, daí, que o Congresso Constituinte optou por elevar ao condão de princípios o resguardo do direito à dignidade humana, na medida em que, explicitamente, privilegia a temática dos direitos fundamentais, outorgando-lhes, ainda, a natureza de cláusula pétrea, nos termos do art. 60, parágrafo 4º, IV.

A partir deste quadro, é imperioso que se tenham claros os significados e sentidos da dicção da Carta Política brasileira de 1988 quando assevera que a prevalência dos direitos humanos é um princípio que deve nortear a constituição e o desenvolvimento da República Federativa (art. 4º, II).

No preclaro ensinamento de Carlos Maximiliano[159], todo o conjunto de regras positivas representa sempre e apenas o resumo de um complexo de altos ditames, série de postulados que enfeixam princípios superiores. Constituem estes as idéias diretivas do hermeneuta, os pressupostos científicos da ordem jurídica.

José Afonso da Silva, reconhecido constitucionalista brasileiro, denomina os mandamentos jurídicos do Título I da Carta de 1988 como princípios político-constitucionais, eis que configuram

> "decisões políticas fundamentais concretizadas em normas conformadoras do sistema constitucional positivo, e são, segundo Crisafulli, normas-princípio, isto é, normas fundamentais de que derivam logicamente (e em que, portanto, já se manifestam implicitamente) as normas particulares regulando imediatamente relações específicas da vida social."[160]

A lição de Canotilho esclarece de vez a matéria:

> "Na sua qualidade de princípios constitucionalmente estruturantes, os princípios fundamentais devem ser compreendidos na sua ligação concreta com uma determinada ordem jurídico-constitucional, historicamente situada... embora não sejam princípios transcendentes, eles podem ser sempre tomados como dimensões paradigmáticas de uma ordem constitucional justa, à luz de critérios historicamente sedimentados."[161]

Celson A. B. de Mello, por sua vez, declara que princípio é um mandamento nuclear de um sistema,

[159] Maximiliano (1992: p. 295).

[160] Silva (1992: p. 85).

[161] Canotilho e Vital Moreira (1991: p. 71/72).

alicerce dele, pois disposição fundamental que se irradia sobre diferentes normas, compondo-lhes o objetivo e servindo de critério para sua exata compreensão. É o conhecimento dos princípios que preside a intelecção das diferentes partes componentes do todo unitário que tem por nome sistema jurídico positivo[162].

Torna-se fácil a conclusão de que os princípios supra-referidos têm a função de delimitar os campos e possibilidades, de interpretação e integração, das demais normas constitucionais e infraconstitucionais, ou seja, qualquer criação, interpretação e aplicação de lei ou ato de governo deve ter como fundamento o comando da norma que diz ser a República Federativa brasileira um Estado Democrático de Direito, com objetivos claros a perseguir e tutelar (art. 3º).

Neste sentido, por exemplo, a ordem econômica deve assegurar a todos existência digna (art. 170, CF/88), enquanto a ordem social deve visar à realização da justiça social (art. 193), e a educação, o preparo do indivíduo para o exercício da cidadania (art. 205).

De outro lado, uma vez que a legitimidade do texto constitucional - e toda e qualquer ordem jurídica pátria - tem seu sustentáculo principiológico e político neste Título I, pode-se também concluir que o plano de eficácia dos Poderes do Estado é medido pela busca, respeito e garantia dos direitos humanos ou fundamentais, *lato sensu*, principalmente após a promulgação, em nossa legislação interna, dos textos convencionais conhecidos como Pacto Internacional de Direitos Civis e Políticos e a Convenção Interamericana de Direitos Humanos, con-

---

[162] Bandeira de Mello (1990: p.230).
Eros Roberto Grau (1991: p. 97), citando Agustin Gordillo, lembra que: "...*los principios de derecho público contenidos en la Constitución son normas jurídicas, pero no sólo eso; mientras que la norma es un marco dentro del cual existe una cierta libertad, el principio tiene sustancia integral;... La norma es límite, el principio es límite y contenido. La norma da a la ley facultad de interpretarla o aplicarla en más de un sentido,...; pero el principio establece una dirección estimativa, un sentido axiológico, de valoración, de espíritu.*"

DIREITOS HUMANOS NO BRASIL
Desafios à democracia

soante os Decretos nº 592, de 06.07.1992 , e o nº 678, de 06.11.1992.[163]

Tal raciocínio afasta a idéia de que o Constituinte de 1988 pretende instituir, kelsenianamente, um mero Estado de Legalidade, apenas formalmente ligado à Constituição, mas, ao contrário, faz crer que a ênfase dada pelos objetivos, fundamentos e princípios constitucionais à República brasileira é a de se constituir em um efetivo Estado Democrático.

Os direitos humanos, tão festejados pela Constituição do Brasil, servem de parâmetro na avaliação das condições e possibilidades desta Democracia e de um Estado Democrático de Direito.

Historicamente, desde a declaração francesa dos direitos humanos, exprime-se em três princípios cardeais um dos primeiros conteúdos possíveis dos direitos humanos: o direito à liberdade, à igualdade e à fraternidade, substituindo a universalidade metafísica do jusnaturalismo pela universalidade material e concreta dos tempos modernos, assentada em princípios norteadores dos sucessivos e cumulativos intrumentos de proteção a tais direitos.

Com a Declaração Universal dos Direitos do Homem, inicia-se a preparação de pactos específicos à proteção dos direitos e garantias previstos na Carta, resultando a edição e abertura à adesão do Pacto de Direitos Econômicos, Sociais e Culturais, e do Pacto de Direitos Civis e Políticos.

A partir destes pactos, surge a tendência de se categorizar os direitos humanos como de primeira, segunda e terceira gerações. Os primeiros, em regra, como já se viu, dizem respeito aos direitos contidos no Pacto de Direitos Civis e Políticos, como expressão do princípio da liberdade; os segundos referem-se, geralmente, ao que prevê o Pacto de Direitos Econômicos, Sociais e

---

[163] Estes textos já foram estudados nos capítulos anteriores.

Culturais, como expressão do princípio da igualdade; os terceiros dizem respeito aos direitos dos povos, à sua autodeterminação e desenvolvimento, como expressão do consagrado direito à solidariedade.

Os chamados direitos de primeira geração, assentados no princípio do direito à liberdade, encontram-se no rol de preceitos relativos aos direitos civis e políticos, e estão consolidados, do ponto de vista formal, em todas as constituições conhecidas. As culturas burguesa e liberal fazem destes direitos instrumentos que visam a proteger diretamente as pessoas como tal, em suas individualidades, nos atributos caracterizadores de sua personalidade moral e física, advindos de suas relações com o mercado e a sociedade como um todo, bem como frente ao Estado.

A Constituição brasileira de 1988 se preocupa em proteger estes direitos, inscrevendo-os em diversas oportunidades, entre elas: no art. 5º e seus incisos, quando diz que são invioláveis a intimidade, a vida privada, a honra e a imagem das pessoas, assegurado o direito à indenização pelo dano material ou moral decorrente da violação (X); a casa é asilo inviolável do indivíduo (XI); é livre a locomoção no território nacional (XV); todos podem reunir-se pacificamente (XVI); é garantido o direito de propriedade (XXII); é garantido o direito de herança (XXX); a prática de racismo constitui crime (XLII); são asseguradas diversas prerrogativas à liberdade de ir e vir das pessoas, principalmente com o *habeas corpus, habeas data*, Mandado de Segurança, etc.

Os direitos supra-referidos, enquanto atinentes a determinados indivíduos, sempre são invocados para reestabelecer a ordem pública e tutelar interesses privados, sem conotação social ou coletiva maior. Aliás, é de se ter presente, como lembra Eros Grau[164], que é sobre tais pressupostos que se erige a noção de Estado Bur-

---

[164] *A Ordem Econômica na Constituição de 1988*, op. cit., p. 23.

guês de Direito, ao qual incumbe tutelar as instituições básicas do comércio jurídico, especialmente o contrato e a propriedade.

Esta concepção de direitos fundamentais, além de exteriorizar uma teoria do Estado, ou do exercício do poder do Estado (de forma negativa ou absenteísta), implica, materialmente, a reflexão sobre a capacidade de exercício das liberdades garantidas formalmente. Na verdade, não basta ser assegurada juridicamente uma liberdade, mas se torna imperioso existir condições de gozá-la. Assim, o direito de livre expressão pressupõe a capacidade de exteriorização e de organização dos recursos intelectuais; o direito à inviolabilidade do domicílio implica a prévia existência de uma casa, de uma morada; o direito à educação reclama a existência de meios materiais - alimentação, vestuário - sem os quais, ainda que oferecida gratuitamente, não poderá ser usufruida[165].

De outro lado, os chamados direitos de segunda geração, que se ligam ao princípio da liberdade, estão também presentes nos textos de todas as constituições contemporâneas, porém, passam por um período de excassa normatividade e efetividade, porque considerados como preceitos meramente programáticos. Tais preceitos, na dogmática jurídica, são tidos como:

> "as em que o constituinte não regula diretamente os interesses ou direitos nelas consagrados, limitando-se a traçar princípios a serem cumpridos pelos poderes públicos (Legislativo, Executivo e Judiciário) como programas das respectivas atividades, pretendendo unicamente a consecução dos fins sociais pelo Estado."[166]

---

[165] Neste sentido, a obra de Clève (1993: p. 126).

[166] Diniz (1989: p. 103). Walter Ceneviva (1991: p. 24) lembra que esta concepção vem da matriz reducionista italiana.

Na esteira da visão dogmática de Maria Helena Diniz, estas normas têm eficácia jurídica, pois impedem que o legislador comum edite normas em sentido oposto ao direito assegurado pela Constituição; impõem um dever político ao órgão com competência normativa; informam a concepção estatal ao indicar suas finalidades sociais e os valores objetivados pela sociedade; condicionam a atividade discricionária da administração e do Judiciário; servem de diretrizes teleológicas à interpretação e aplicação jurídica, nas modalidades de subsunção, integração e correção. Vai neste caminho a reflexão de José Afonso da Silva:

> "Por regra, as normas que consubstanciam os direitos fundamentais democráticos e individuais são de eficácia contida e aplicabilidade imediata, mas algumas, especialmente as que mencionam uma lei integradora, são de eficácia limitada, de princípios programáticos e de aplicabilidade indireta, mas são tão jurídicas como as outras e exercem relevante função, porque, quanto mais se aperfeiçoam e adquirem eficácia mais ampla, mais se tornam garantias da democracia e do efetivo exercício dos demais direitos fundamentais."[167]

Nos termos do art. 5º, parágrafo primeiro, da Constituição brasileira de 1988, as normas que contêm os direitos fundamentais possuem aplicação imediata, o que, somado ao fato de os direitos econômicos, sociais e culturais modelarem a dimensão objetiva do ordenamento normativo, levam o Estado a tomar posições e comportamentos que, ou induzem os legisladores e administradores a atuar positivamente, criando as condições materiais e institucionais para o efetivo exercício desses direitos, ou os dispositivos formalmente cogentes

---

[167] Silva (1992: p. 165).

não passam de letra morta e fria em textos oficiais, servindo à construção de retóricas políticas sedutoras e justificativas abstratas à caracterização do Estado Democrático.

A concepção mais abrangente dos direitos humanos de terceira geração, que têm como destinatário o gênero humano, como já visto, emerge da reflexão sobre o direito à autodeterminação dos povos, o direito ao desenvolvimento, paz, ao meio ambiente sadio, e ao patrimônio comum da humanidade.

Esta noção de direitos humanos, com pluralidade de sujeitos credores e sociedades devedoras, traduz o princípio da indivisibilidade dos direitos fundamentais, na medida em que afirma sua dimensão individual - direito à vida, à saúde, à informação - e coletiva, pois tem um bem comum como objeto de proteção.

Na conferência de Direitos Humanos organizada pela ONU, em Viena, no ano de 1993, há o reconhecimento de que é indissociável a inter-relação entre democracia, desenvolvimento e respeito aos direitos humanos e liberdades fundamentais, o direito de os povos determinarem seu sistema político, econômico, social e cultural, razão pela qual a promoção desses direitos fundamentais compete aos povos e à comunidade internacional; também, que os processos de desenvolvimento não podem ser invocados para justificar qualquer atentado aos direitos humanos, devendo ser respeitados o equilíbrio entre o desenvolvimento e a preservação do meio ambiente e os avanços das conquistas científicas, que assegure os direitos das futuras gerações[168].

Seguindo a tendência dos povos economicamente desenvolvidos, também o Brasil é fértil em legislações protetoras do meio ambiente, do consumidor, do patrimônio histórico e paisagístico, do patrimônio público

---

[168] Conforme documento *U.N.Document A/Conf.157/24*, Part.I, October, 1993, pp.20-46. Material xerográfico.

em geral, etc. Porém, como lembra Celso A. B. de Mello[169], é possível obedecer-se formalmente a um mandamento, mas contrariá-lo em substância; cumpre verificar se foram atendidos não apenas a letra do preceito, mas também seu espírito.

Vai-se demonstrar, a partir de agora, que a Lei, inclusive a Constituição, veiculada pelo Estado, é imposta à comunidade, em nome de um pacto ou consenso meramente formal, cuja vigência, eficácia e validade não são discutidas pelos seus destinatários, eis que tais categorias são lidas tão-somente no âmbito intra-sistêmico do processo legislativo formal e de sua adequação procedimental junto às instâncias oficiais de aplicação da norma jurídica. A Constituição, nesta ótica, se apresenta como sendo a expressão verbal da normatividade de uma dominação, que em verdade é exercida para manter ou colocar no poder uma determinada elite.

3. Condições e possibilidades de um Estado Democrático de Direito no Brasil

Pelo até aqui exposto, vê-se que, com o advento das democracias modernas e constitucionais, principalmente a partir do final do século XVIII, há uma significativa alteração na concepção de poder do Estado e no exercício de governo dos países ocidentais, estando estes vinculados a um ordenamento jurídico que, paulatinamente, vai alcançando um contingente cada vez maior de direitos. Um dos resultados deste período é, sem dúvida alguma, o surgimento dos direitos humanos.

De uma forma direta ou indireta, também as experiências dos Estados Sociais da Europa do Século XX registram alguns indicadores novos de análise social e política sobre o significado das categorias Estado, Legiti-

---

[169] Mello (1993: p. 24).

midade, Democracia, Constituição, Poder Constituinte, Estado de Direito, etc.

Com os referenciais teóricos até agora trabalhados, tem-se condições de evidenciar que o Estado Democrático de Direito no constitucionalismo contemporâneo brasileiro, na condição de realidade a ser perseguida, também é princípio informativo da significação, vigência e eficácia das normas constitucionais e infraconstitucionais, e, portanto, deveria ser utilizado de forma emancipadora e popular, de acordo com a natureza do Poder que lhe criou, oportunizando, entre outras, a efetiva proteção e implementação dos direitos humanos. Porém, isto inocorre, o que autoriza a questionar a legitimidade do modelo que se apresenta e delinear critérios da caracterização de democracia material almejada[170].

A forma como são tratados os direitos humanos no país evidencia práticas, discursos e valores que afetam o modo como desigualdades e diferenças são desenhadas no cenário público, como interesses se expressam e os conflitos se realizam. Se, de um lado, os direitos enunciados pela Constituição de 1988 estabelecem uma forma de sociabilidade regida pelo conhecimento do outro como também sujeito de interesses válidos, valores pertinentes e demandas legítimas, de outro, eles não cumprem o papel de reguladores das práticas sociais, definindo as regras das reciprocidades esperadas na vida em sociedade, através das atribuições mutuamente acordadas e negociadas das obrigações e responsabilidades, garantias e prerrogativas de cada um.

Pode-se concluir, então, que a normatividade legal e institucional da vida social brasileira, se se funda numa cultura pública democrática que se abre ao reconhecimento da legitimidade dos conflitos e da diversidade dos valores e interesses demandados como direitos, o faz apenas formalmente.

---

[170] Neste sentido, o texto de Santos (1995: p. 270).

A descentralização da sociedade e de seu governo, enquanto constituição de espaços públicos nos quais as diferenças podem se expressar e se representar em uma negociação possível, pode e deve revelar espaços nos quais valores circulam, argumentos se articulam e opiniões se formam; e nos quais, sobretudo, a dimensão ética da vida social pode se constituir em uma moralidade pública através da convivência democrática com as diferenças e os conflitos que elas carregam e que exigem, por isso mesmo, de cada um, a cada momento, o exercício dessa capacidade propriamente moral de discernimento entre o justo e o injusto, cuja medida, por ser desprovida de garantias e pontos fixos, ainda mais neste final de século que fez desmoronar antigas certezas, só pode ser construída através de uma permanente e sempre renovada interlocução.

Em outras palavras, a dinâmica histórica da democracia permanece incompreensível se se raciocina apenas em termos dicotômicos de Estado-sociedade civil (o que ocorre com o modelo liberal). Inexiste separação nítida entre estes dois elementos sociais, pois estão inseridos num espaço público em constante gestação, cuja existência dilui as fronteiras convencionais entre o político e o não-político. Um espaço público que não tem dono ou titular, e no qual se propaga o questionamento do direito por aqueles que nele se reconhecem e lhe dão sentido.

Nesta sociedade extremamente complexa e contraditória, em que a descoberta da Lei e dos direitos convive com uma incivilidade cotidiana feita de violência, preconceitos e discriminações; em que a defesa de interesses se faz em um terreno deveras ambíguo, que desfaz as diferenças entre a conquista de direitos legítimos e o corporativismo; em que a experiência democrática convive com a aceitação e conivência com práticas autoritárias, a cidadania e os direitos individuais e coletivos se definem como problema - teórico, histórico e político - que escapa a fórmulas predefinidas eis que ancorados num terreno sujeito ao imprevisto dos acontecimentos. É com relação a esse espaço-debate público que emergem os Direitos Humanos enquanto pilares e geradores dele próprio, com significações políticas e eficácias simbólicas próprias, alcançando desde o direito de ir e vir, até o de ter um desenvolvimento sustentado e meio ambiente sadio.

Tal quadro, no qual transformações e modernizações se processam em ritmo avassalador sem que tenha conquistado patamares mínimos de igualdade civil e social, gera litigiosidades as mais diversas, que transbordam o ordenamento legal estabelecido,

> "implode a tipificação jurídica clássica e monta arenas autonomizadas dos poderes normativos do Estado, de tal forma que, cada vez mais, conflitos de interesses se resolvem através de mecanismos informais de arbitragem e negociação, numa prática em que se combinam livre interpretação dos princípios da lei, transgressão consentida de normas legais e produção de uma legalidade informal com uma jurisdição própria e localizada."[171]

As crises de legitimidade e de identidade do Estado brasileiro são latentes e se misturam com a desorganização e a destruição de instituições e serviços públicos dos quais dependem grandemente as regularidades da vida social, convergindo para uma corrosão da própria ordem pública.

Como demonstra a reflexão de Vera Telles[172], o espetáculo público armado em torno do Estado, composto de corrupção e impunidade, inoperância e irracionalidade das burocracias estatais, parece fornecer as provas de verdade de um discurso que prega o mercado

---

[171] Santos (1991).

[172] Telles (1994: p. 90).

como paradigma de modernidade e elide a questão da responsabilidade pública frente às demandas sociais.

A questão de ordem que se coloca à agenda do Estado Democrático de Direito no Brasil, é, pois, a construção de mecanismos e instrumentos que possibilitem o surgimento de uma ordem pública fundada na representação plural dos interesses e na garantia dos direitos fundamentais[173]. Isto significa reinventar e pactuar as regras da vida social, como condições de se construírem parâmetros capazes de reverter a lógica de uma modernização selvagem que projeta o país nos caminhos do século XXI sem ainda ter resolvido as questões clássicas de uma modernidade incompleta e marginalizante.

Tais regras não se podem restringir ao universo jurídico positivado, eis que possuem uma natureza plural, necessitando ser constantemente reinventadas e negociadas em temporalidade própria, obedecendo àqueles princípios fundamentais insculpidos na Carta Política e nas carências e exigências, estruturais e contextuais, da sociedade. Lembrando Lefort novamente, é a interconexão existente entre as esferas de poder político, do direito e do saber que caracterizam o Estado Democrático de Direito[174]. Neste sentido, associações e movimentos de Direitos Humanos, orientados explicitamente para sua defesa e promoção, constituem-se nas últimas décadas, expressando, da mesma forma que outros movimentos sociais emergentes (de defesa do consumidor, do meio ambiente, de bairros e moradores), um novo relacionamento com a política e a formação de novas identidades sociais, a partir de formas de partici-

---

[173] Segue-se aqui a posição de Lefort (1984) quando afirma que a significação política original da democracia moderna se revela ao nível amplo da matriz simbólica das relações sociais que ela institui, isto é, ao nível dos princípios políticos gerais que constituem a forma, o sentido e a cena do conjunto do social.

[174] Lefort (1981).

DIREITOS HUMANOS NO BRASIL
Desafios à democracia

pação, de representação e legitimidade, distintas daquelas que caracterizam a política convencional.

Desta forma, o próprio conceito de bem público é revisto, sendo reconstruído como invenção histórica e política que depende e reclama, à sua legitimidade, de espaços públicos democráticos nos quais a pluralidade das opiniões e demandas se expressa, em que os conflitos ganham visibilidade e as diferenças se representam nas razões que constroem os critérios de validade e legitimidade dos interesses e aspirações defendidos como direitos.

José Maria Gómez[175] auxilia a reflexão sobre as condições e possibilidades da Democracia no Brasil, acreditando que a sua consecução passa pela realização de duas condições: a criação e o pleno funcionamento dos procedimentos formais do exercício do poder político, instituído pelos princípios constitucionais insertos no Título I da Carta Política brasileira de 1988, e de seu consenso valorativo; criação de formas emergentes de participação social que, ao mesmo tempo em que expressam práticas de dissenso e de politização de problemas substantivos da vida cotidiada, são também canais de comunicação e de controle direto da sociedade civil sobre o Estado.

A Constituição vingente no Brasil traz em seu texto alguns instrumentos para viabilizar efetivamente o controle do cumprimento dos princípios e regras constitucionais, como o *habeas corpus*, o mandado de segurança e mandado de segurança coletivo, o mandado de injunção, o *habeas data*, enquanto a legislação infraconstitucional assegura da mesma forma mecanismos jurídicos de proteção ao meio-ambiente, a bens e direitos de valor artístico, histórico , estético, turístico e paisagís-

---

[175] Gómez (1988: p. 75).

tico[176]; proteção ao consumidor[177]; do patrimônio público da União, dos Estados e dos Municípios[178], etc.

Entretanto, tem-se visto que as instituições jurídico-políticas do regime brasileiro não são garantias suficientes da efetividade dos direitos estabelecidos, se não vêm acompanhadas por uma tomada de consciência e uma ação concreta em defesa dos mesmos, por parte dos seus beneficiários diretos, sejam estes cidadãos, classes, categorias ou grupos particulares[179].

Por outro lado, reconhece-se que, em sociedades como a do Brasil, onde as condições de desigualdade e a violação dos direitos humanos tendem a acelerar-se, provocando uma maior desintegração social da que já existe, o estabelecimento de mecanismos aptos a realizar as prestações sociais emergenciais conta necessariamente com a participação ativa do Estado (e isto é a própria Constituição de 1988 que prevê ao longo de todo o seu texto). Aliás,

"O Estado brasileiro encontra-se, hoje, em momento histórico decisivo: ou seremos capazes de transformá-lo, instituindo poderes incumbidos de dirigir, de modo racional e democrático, as transformações sociais, ou sucumbiremos na desintegração social, da que a presente crise aguda de anomia (desrespeito generalizado às normas de vida comum) é o sintoma mais alarmante."[180]

Os poderes oficiais das entidades federativas brasileiras necessitam pautar seus deveres-poderes pelos princípios constitucionais explícitos e implícitos que

---

[176] Lei Federal nº 7.347, de 24/07/1985, Ação Civil Pública.

[177] Lei Federal nº 8.078, de 11/09/1990, Código de Defesa do Consumidor.

[178] Lei Federal nº 4.717, de 29/06/1965, Ação Popular.

[179] O exemplo mais concreto disto são as constantes e progressivas invasões de terras que ocorrem no país, por pequenos agricultores que não têm onde plantar ou viver, resistindo às determinações oficiais do Judiciário e Executivo para que desocupem as áreas.

[180] Comparato (1989: p. 98).

informam o modelo de Estado, governo e país que se pretende. Quando exercitam seus misteres, precisam refletir sobre a adequação dos atos públicos aos fins que se vislumbram, estes já objetivados pelo universo de princípios constitucionais expostos e pelas mazelas e marginalidade da maioria significativa dos cidadãos.

O Estado Democrático de Direito não tem uma fórmula mágica e abstrata que sirva para todos os contextos e histórias, indiscriminadamente, mas ele é demarcado pelas contingências humanas as mais diversas, localizadas no tempo e no espaço. No Brasil, cotejando este Estado Democrático de Direito com as premissas anteriormente sustentadas sobre Estado, Democracia e Direito, o desafio que se coloca ao país é como valorizar o indivíduo e o coletivo; como fazer do Estado (e isto é uma exigência imprescindível à preservação dos direitos humanos, já que a ordem do mercado de produção e trocas não se importa muito com isto) um instrumento da sociedade nas suas necessidades majoritárias.

Há várias respostas ou propostas a estes questionamentos. A capacidade de organização e mobilização dos grupos sociais, ainda que corporativamente, para a defesa de seus interesses de classe; a formação de grupos e organizações não-governamentais preocupadas com o meio ambiente, com a proteção do consumidor, de pais e professores, etc., e o reconhecimento por parte do Estado destas forças vivas, ampliam o espaço de enfrentamento político sobre a eleição de prioridades públicas a serem atendidas pela Administração, Governo e Sistema. Isto evidencia o surgimento de uma nova ética humanista, alicerçada numa ética pública de sujeitos com direitos assegurados.

Como diz Oskar Negt[181], esta nova esfera pública tenta recuperar as exclusões e reorganiza os mais poderosos interesses econômicos privados para lhes dar a

---

[181] Negt (1984).

forma de interesses públicos, isso de maneira que a eles sejam incorporadas necessidades de massa.

A experiência da cidade de Porto Alegre, no Rio Grande do Sul, com o governo popular do Partido dos Trabalhadores, tem provado que é possível criar formas de governo e organização social que busquem efetivamente atender a preservação dos interesses e demandas coletivas: o projeto em andamento do Orçamento Participativo.

Este programa diz respeito à consulta feita pelo Estado à população, previamente organizada em plenárias populares, constituídas por todos os segmentos de bairros, ruas e regiões, sobre como, quanto e onde aplicar os recursos públicos na cidade, a partir, é claro, de determinados critérios objetivos confeccionados pelos próprios cidadãos e pautados pela maior carência estrutural e circunstancial das localidades[182]. São mais de 500 mil pessoas que conhecem o programa, das quais 100 mil participam direta ou indiretamente do orçamento; mais de 1000 entidades estão cadastradas à participação nas 16 regiões do orçamento participativo, contando com clubes de mães, clubes de futebol até associações de moradores[183]. Aqui, a cidadania tende a ser exercida materialmente, com todos os riscos e problemas decorrentes dos vícios seculares da concepção tradicional de política, buscando alcançar/exigir a persecução dos direitos fundamentais tão festejados pela ordem institucional.

Se o Executivo de Porto Alegre resolve propiciar, de forma ordeira, a ampliação da participação popular no governo, com isto aumentando as condições de efetivação dos direitos fundamentais, a regra é que tais

---

[182] O Prefeito de Porto Alegre, Tarso Genro (1995: p. 79), na gestão 1993/1996, conceitua estes critérios *como normas constitucionais de uma esfera pública não-estatal*.

[183] Informações colhidas no documento *Participação Popular na Administração Pública*, op. cit., p. 80.

DIREITOS HUMANOS NO BRASIL
Desafios à democracia

conquistas se dêem na base da pressão e do embate político entre a sociedade organizada e o governo, não contando, geralmente, com a mediação do Legislativo, que deveriam representar os interesses populares, o que apenas comprova o fracasso cada vez mais profundo da representação política tradicional brasileira, e a absoluta crise de identidade e legitimidade do Estado como um todo.

Como possibilidade de instância protetora dos direitos fundamentais, ainda há o Poder Judiciário, inserido numa sociedade complexa, industrial ou capitalista, que depende essencialmente da administração de interesses conflitantes, que possam, em nível geral, chegar a alguns resultados previstos ou previsíveis, fundados em critérios de validade formal das leis e normas em geral.

Com a consagração formal dos direitos fundamentais pela Constituição de 1988, o Judiciário depara-se frente a um contingente massivo de demandas que buscam a efetivação daqueles direitos, e, sua postura diante disto, ou revela um compromisso com a sociedade como um todo, ou com o sistema instituído, do qual faz parte como Poder, pois, consciente ou inconscientemente, quando julga estas questões, ele está envolvido num sistema mais amplo de relações, e o resultado final do caso particular pode ser um, enquanto o resultado social, a longo prazo, pode ser outro, até mesmo contrário ao desejado pelos juízes em particular. Desta maneira o Judiciário pode tanto transformar quanto reforçar as políticas do Estado.

Para dar cumprimento ao que dispõe o art.1º da Constituição Federal de 1988, transformando este país em um Estado Democrático de Direito, deve sim o Judiciário fazer cumprir a lei e, neste sentido, zelar para que todos a observem, mas, especialmente, com fundamento nos princípios (também constitucionais) que informam a organização do poder e da sociedade, deve ele exercer seu mister à concretização deste postulado, criando hermenêutica e instrumentos[184] integrados aos objetivos políticos da Carta Magna, tanto para a norma constitucional como infraconstitucional, priorizando sempre o público diante do privado, única forma de se acolher os direitos humanos na condição de indicador de uma sociedade democrática.

---

[184] Neste sentido, além da legislação abundante de proteção aos direitos fundamentais, cria-se agora uma instância mais célere e informal de jurisdição com os Juizados Especiais Cíveis e Criminais, Lei Federal nº 9.099, de 26 de setembro de 1995, o que talvez oportunizará maior acesso da população mais carente para o exercício de seus direitos violados.

Considerações finais

Ao longo deste trabalho, pocurou-se resgatar uma história não muito séria de tratamento dos Direitos Humanos no Ocidente e em especial no Brasil. Esta memória evidencia, durante toda a pesquisa, que tanto o Estado, como a Democracia e os Direitos Humanos, receberam, nos últimos quatro séculos, tratamento diversificado e por vezes paradoxal dos agentes políticos, o que revela a existência de sérias discrepâncias no que diz respeito aos interesses que ensejaram estas problemáticas.

Já havíamos dito antes que

"Quando se chega ao debate atual sobre aqueles temas, percebe-se que, na medida em que as sociedades crescem em tamanho e complexidade, os conceitos de Estado, Democracia e Direitos Humanos começam a sofrer uma transformação radical. A partir do momento em que as ações e relacionamentos assumem, cada vez mais, caráter mais coletivo que individual, as sociedades modernas deixam para trás a visão individualista de direitos, explicitada nas declarações de direitos dos séculos XVIII e XIX. Tal movimento se dá no sentido de reconhecer os direitos e deveres sociais dos governos, comunidades, associações e indivíduos."[185]

---

[185] Leal (1997: p. 10)

DIREITOS HUMANOS NO BRASIL
Desafios à democracia

151

É em tal contexo que os direitos humanos tomam amplitudes significativas, considerados em gerações e alcançando toda a espécie de vida no globo terrestre. Entre tais direitos garantidos nas modernas constituições, estão os direitos ao trabalho, à saúde, à segurança, ao meio ambiente sadio, à soberania dos povos, à educação, etc. De outro lado, percebe-se que a atuação do Estado é imprescindível para assegurar o gozo de todos esses direitos sociais básicos.

Afirma-se no texto que a expressão "direitos humanos" é permanentemente redefinida e ampliada, porém, envolve algumas questões comuns a todas as épocas e povos, isto é, tudo aquilo que tem a ver com a possibilidade de viver em sociedade desde que as forças organizadoras desta não possam dispor sobre os indivíduos de um poder de vida e morte, o que significa dizer que direitos humanos têm relação direta com determinados deveres do Estado e do poder econômico. Quando se fala destes deveres, está-se diante de questões políticas que envolvem o que se chama hoje de cidadania.

De uma certa forma, a dimensão instituinte dos espaços sociais instaurados por esta cidadania amplia ainda mais as significações e sentidos dos direitos fundamentais, totalmente esquecidos pelos órgãos oficiais.

"A partir do momento que os direitos do homem são postos como referência última, o direito estabelecido está destinado ao questionamento. Ele é sempre mais questionável à medida que vontades coletivas ou, se se prefere, que agentes sociais portadores de novas reivindicações mobilizam uma força em oposição à que tende a conter os efeitos dos direitos reconhecidos. Ora, ali onde o direito está em questão, a sociedade, entenda-se a ordem estabelecida, está em questão."[186]

---

[186] Lefort (1981).

Esta assertiva de Lefort sinaliza o caminho para se pensar uma possível democracia, criando espaços de debate e enfrentamento dos interesses públicos e privados. A partir desta idéia, o Estado Democrático excede os limites tradicionalmente postos ao Estado de Direito, experimentando direitos que ainda não lhe estão incorporados, não se conformando à conservação de um pacto tacitamente estabelecido, mas se formando a partir de lugares que o poder instituído não pode dominar inteiramente.

"É a figura do Estado Democrático como aquele que assegura a oportunidade de criação e autocriação incessante de novos direitos na sociedade, e a transgressão de um futuro já conhecido e determinado por instâncias oficiais do poder político. Esse Estado tem como pressuposto de democracia o acontecer político em busca de sua própria definição"[187].

Por tais razões, a idéia sustentada ao longo deste trabalho é de que os direitos humanos surgem no momento de consolidação da democracia e, por isto, devem ser entendidos como práticas e discursos que buscam permanentemente a redefinição e ampliação dos direitos do homem.

No caso brasileiro, tanto os direitos humanos, como a política e a democracia, não podem ter sentidos unívocos ou intrínsecos, porque encontram seu sentido na própria dinâmica conflitiva de seu espaço público. Assim, eles devem ser concebidos como um lugar de enfrentamento, que serve para mostrar o caráter absolutamente político do Direito e do Estado, e a necessidade de problematizá-los através de práticas que politizem o jurídico.

---

[187] Leal (1997: p. 12)

"Se puede afirmar que el papel político de los derechos humanos puede partir de una resistencia a la indeterminación e imprevisibilidad de la violencia estatal, para la consolidación de un espacio de imprevisibilidad, fuera de control estatal, en la conquista de nuevos derechos."[188]

O texto também demonstra que, a despeito de alguns direitos fundamentais terem sido recepcionados pela regra jurídica constitucional, isto não foi suficiente para que os respeitassem, mas, ao contrário, a história registra que foram os mais violados, principalmente pelos órgãos oficiais do Estado, pois,

"uma coisa é o direito nos textos, sob a forma de sistemas coerentes e completos, concebidos como se a sociedade brasileira fosse igualitária e participativa; outra, são as práticas decisórias no interior de um Estado cuja unidade interna ainda hoje continua fragmentada por vigentes anéis burocráticos, isto é, por círculos de informação e negociação entre segmentos tecnocráticos e frações das classes dominantes, reproduzindo as estruturas sociais altamente estratificadas e discriminatórias."[189]

Conclui-se, paradoxalmente, que os direitos humanos são pervertidos no exato momento em que se tornam objeto de tratamento jurídico, pois, concebidos historicamente como um mecanismo de proteção dos cidadãos livres contra o arbítrio dos governantes absolutistas e contra os abusos do Estado, sob a forma de censura e tortura, eles são esvaziados na medida em que é o próprio Estado que os regulamenta. Talvez a regra clássica dos freios e contrapesos de Montesquieu, tomada por uma cidadania emergente, seja uma das formas

---

[188] Warat. (1988: p. 19).

[189] Faria (1988: p. 25).

de fazer com que as garantias asseguradas a esses direitos sejam eficazes na sua totalidade[190]. Encontra-se aqui o grande dilema dos direitos humanos em sociedades altamente diferenciadas e com um tecido social desintegrado, como é o caso do Brasil, fazendo com que se questione de que maneira é possível deixar o campo do formalismo político e jurídico, cuja vagueza e ambigüidade desempenham o papel pragmático de viabilizar a comunicação entre indivíduos, grupos e classes antagônicas, e passar para uma ação efetiva, em que as leis sobre tais direitos, ao mesmo tempo em que reconheçam as prerrogativas civis e políticas individuais, também atendam as demandas de massas marginalizadas, aplacando injustiças e oportunizando a construção de um espaço de reforma das estruturas socioeconômicas vigentes.

Veja-se que:

"Entre os anos 60 a 80, os 20% mais pobres tiveram sua participação na renda reduzida de 3,9% para 2,8%, enquanto os 10% mais ricos passaram de uma participação de 39,6% para 50,9%, tendo-se acentuado tal concentração nos anos posteriores. Mais de 60% das famílias brasileiras possuem rendimentos mensais de até três salários mínimos, enquanto que mais de 40% ficam na faixa de meio salário mínimo. Acrescente-se a isso a existência de mais de 30 milhões de analfabetos, 10 milhões de crianças fora da escola, de 55 milhões de pessoas sem água encanada e 40 milhões sem luz elétrica; há 70 milhões de pessoas atingidas pela verminose e mais de 5 milhões sofrendo de mal de Chagas; o país possui uma mortalidade infantil de menores de 5 anos com proporção de 65 para cada mil crianças, igual à do Peru[191].

---

[190] Fizemos uma avaliação mais detalhada deste tema no nosso livro *Teoria do Estado* (1997).

[191] Informações colhidas nos textos de Demo, (1992), e com Faria (1995).

De outro lado, o professor Cristovam Buarque[192] já afirmara que há cem anos a economia brasileira vem crescendo, o que indica, ao menos por certos parâmetros, que o país percorreu um caminho de modernização com velocidade superior a outros países. Entretanto, tal desenvolvimento é caracterizado por um denominado capitalismo tardio, que o distingue das formas clássicas de capitalismo existentes[193], eis que aquele é baseado na expansão do Estado, no controle do mercado por esse Estado, o contrário do capitalismo clássico, segundo o dogma liberal, gerido fundamentalmente pelo empresário e pelo mercado, livre de amarras e controles estranhos à sua natureza.

O custo social da dita modernidade brasileira é facilmente evidenciado por qualquer um hoje: diante dos índices de criminalidade e violência urbana, conflitos fundiários e exclusão social marginalizante. Conforme dados de Cristovam Buarque[194], quase cem milhões de pessoas vivem na pobreza; destas, quase sessenta milhões sobrevivem em condições de miséria, e nada menos do que vinte milhões em total indigência. Essa população sofre de doenças extirpadas em quase todo mundo: lepra, dengue, esquistossomose, tuberculose, Chagas, e outras produzidas por falta de higiene, de atendimento médico ou nutricional. Não bastasse isto, cerca de sessenta milhões de brasileiros não têm onde morar, ou habitam em casas absolutamente insalubres e frágeis em termos de infra-estrutura, vagueando pelas ruas, onde vivem e morrem.

Além disto, dita modernidade é considerada paradoxal, pois, concomitantemente à desigualação social, leva à transnacionalização dos espaços econômicos nacionais, que rompe com os limites fronteiriços do capital

---

[192] Buarque: (1995: p. 15).

[193] Faria (1996: p. 72).

[194] Buarque: (1995: p. 23).

financeiro, quando, superando a noção de territorialidade física e geográfica, avança à denominada flexibilidade mundial.

Há também problemas localizados no âmbito da exploração e fragmentação das potencialidades desenvolvimentistas nacionais, tais como a violação de nossas reservas naturais e a constante depredação do meio ambiente, a infra-estrutura científica e tecnológica vilipendiada pela falta de investimento e descaso dos poderes públicos federal, estadual e municipal. Ao lado deste quadro, tem-se um Estado que não responde às demandas efetivamente públicas da maior parte de sua população, passando por uma crise fiscal e institucional sem precedentes, enfim,

> "O Estado em dívida com o público ao qual nunca serviu, com seus funcionários, com as empresas que dele se locupletaram, com os bancos, com o exterior; desmoralizado por todos os setores da sociedade"[195].

A conseqüência mais direta do modelo de desenvolvimento brasileiro é a geração de uma distribuição desigual de direitos no país, não apenas do aspecto de renda, mas a uma distribuição de direitos mesmo: à educação, à saúde, ao trabalho digno, à habitação, etc.

> "A instabilidade real de nossa economia serve como pano de fundo para esse caos. A violência, expressão máxima do cotidiano, está cada vez mais presente, e as crianças, estampadas nos discursos políticos como o futuro do país, choram ou se calam, atônitas, diante da agressão ou negligência. Muitas ficam com seqüelas pelo corpo, outras, não resistem e morrem; os culpados estão nas ruas, em repartições e, o mais assustador, ao lado delas, dividindo o mesmo teto"[196].

---

[195] Buarque: (1995: p. 17).

[196] Uchôa:(1995: p. 131).

De uma certa forma, toda a América Latina tem uma proposta de desenvolvimento imposta pela economia e bancos internacionais, desconsiderando pois os problemas locais, regionais e nacionais de sua cidadania esfarrapada.

É a partir da década de 1980[197] que os conflitos e as diferenças de classes vão se acirrar para os latino-americanos, pois, nesse momento, uma minoria privilegiada ganha importâncias extraordinárias em dinheiro e lucros, enquanto a maioria, detentora de rendimentos escassos, passa a perdê-los. Essa nova situação fez com que haja uma ruptura sensível no modelo hegemônico de desenvolvimento sustentado pelas elites dominantes, começando a surgir indicadores sociais de agravamento da estabilidade e da ordem social até então mantida pelo Estado.

As duas últimas décadas, portanto, vêm facilitar e mesmo ampliar o processo de acumulação do capital, a par dos resultados e efeitos catastróficos do que isso representa. A técnica amplificou a possibilidade de muitos lugares entrarem em circuitos produtivos jamais sonhados, travando-se uma batalha mundial entre os interesses transnacionais, não tanto para a produção - que é flexível - tampouco por espaços físicos de mercado privado, eis que são múltipos e variáveis (capital financeiro), mas simplesmente para gerar mais capital, que gera mais capital. Esta mesma técnica insere qualquer espaço conectado no circuito global da produção e do consumo, e os países pobres passam a ocupar um lugar de expansão das possibilidades de lucro com baixo custo.

Como quer Faria[198], neste período, os governos eleitos na América Latina e especialmente no Brasil tornam-se politicamente débeis frente às pressões corpo-

---

[197] Faria: (1996: p. 74).

[198] Faria: (1996: p.126).

rativas dos interesses particulares e a choques redistributivos, comprometendo sua capacidade de remover a teia de paradoxos e contradições herdadas de um passado muito recente, mais uma vez afastando-se do cenário público para garantir que os privilégios e diferenciações sociais, econômicas e culturais se mantenham dentro da lógica do capital.

Aliás, conforme Singer[199], essa época marca o ingresso das idéias neoliberais no nosso continente através das ditaduras militares, principalmente de alguns golpes militares que aconteceram no CONESUL na década de 70 - Uruguaio e Chileno em 1973, e o golpe Argentino de 1976. Na verdade, esses países foram verdadeiros laboratórios para o ideário neoliberal num período em que inexistia tal postura explícita no Primeiro Mundo - o que ocorrera somente na década de 1980 (com a eleição de Tatcher em 1979 e a de Reagan em 1980)[200].

Em igual período, houve um processo de democratização ou abertura durante e mesmo após a década de 1980, ocorrendo eleições diretas de Presidentes da República sem a menor plataforma política consistente, verdadeiros populistas que em seguida mostrariam a que vieram.

Seguindo a onda da modernidade, novos paradigmas surgem junto ao mercado de relações de produção, dentre os quais a idéia de racionalização da produção e do próprio capitalismo, buscando um certo grau de sustentabilidade e flexibilização da economia, o que vem a significar menos tempo, menos energia e menos trabalho, menos custos, sob a ótica de eliminação de desperdícios. Eleva-se, principalmente nos países desen-

---

[199] Singer (1996: p. 79).

[200] Pode-se dar o exemplo aqui do denominado Consenso de Washington. Além disto, registra-se que na Argentina, no Uruguai e no Chile, a economia foi quase destruída por uma abertura muito rápida e brusca do mercado a concorrentes internacionais, num momento coincidente com uma política fortemente recessiva - em função do combate da inflação.

DIREITOS HUMANOS NO BRASIL
Desafios à democracia

volvidos e mesmo nos de economia mais frágeis, a produção, potencializando a valorização produtiva.

Os governos dos Estados de países como os da América Latina, diante do novo paradigma de produção e de desenvolvimento, optam por fazer acordos e pactos com o capital internacional, beneficiando uma pequena parcela da população, alinhada com a nova política de crescimento setorial.

Em razão disso, cria-se uma vulnerabilidade explícita das instituições representativas - o que Faria denomina de crise de governabilidade - tanto dos objetivos dos programas de estabilização econômica (controle monetário, equilíbrio fiscal, organização do sistema previdenciário, dívida pública, etc), quanto as metas dos programas de reforma social (redistribuição de renda, correção dos desequilíbrios regionais, efetividade das políticas públicas) que acabam não sendo concretizadas em sua plenitude - isto sem discutir o mérito que envolvem.

Nesse sentido,

> "quanto mais lentas ou postergadas são a estabilização econômica e a reforma social, e quanto maior é o apelo às fórmulas mágicas e às políticas de feitiços para neutralizar as conseqüências geradas pela frustração e falta de esperança acumuladas, mais as desigualdades se agravam e mais se debilita o acordo moral básico do qual dependem a manutenção da ordem democrática e o funcionamento da economia"[201].

Enquanto há, de um lado, a globalização sob o prisma fundamentalmente econômico, fomentada pelos interesses políticos, comerciais e financeiros dos oligopólios, dos grandes bancos, o que, por sua vez, gera um processo de desregulação, deslegalização e desconstitucionalização da sociedade, com o apoio do Estado, de

---

[201] Faria: (1996: p. 128).

outro lado, há uma fragmentação sociocultural de todos os povos envolvidos, não lhes permitindo, com nitidez razoável, formar blocos de resistência e mesmo de identidades que possibilitem a proposição de alternativas ao modelo imposto.

Forma-se daí uma conjuntura política nefasta, em que o novo paradigma tecnológico-industrial vigente, calcado no empreendimento de novas tecnologias competitivas e na manutenção de mercados, faz com que surja uma sociedade de serviços especializados e discriminadora porque excludente, combinando altas taxas de desemprego, com parcelas significativas de trabalhadores de tempo parcial ou lotados na economia informal, o que afronta os princípios informativos dos Direitos Humanos e da própria idéia de Estado Democrático de Direito. Soma-se a isto o fato de que já se percebe em marcha, há bastante tempo, a transferência, para os países denominados em desenvolvimento, das fases produtivas que envolvem trabalho manual, das que têm sua competitividade baseada no baixo custo dos salários e das que exigem um enorme controle de seu impacto negativo sobre o meio ambiente.

A doutrina especializada alerta que, em razão de todas estas situações, os Estados Nacionais têm comprometida sua capacidade de coordenação macroeconômica, perdem as condições materiais de estabelecer critérios políticos e dispositivos jurídicos aptos a permitir a superação da rigidez da lógica econômica na busca do bem-estar coletivo, revelam-se incapazes de impedir a transferência de parte de seu poder decisório para as áreas de influência do capital privado e dos grandes conglomerados empresariais, enfrentam dificuldades para assegurar a eficácia de seus instrumentos de política industrial, baseados na imposição de restrições aos fluxos de capitais e mercadorias e, por fim, dispõem de poucas condições políticas e financeiras para administrar o custo social da transformação das relações entre o capital e o trabalho provocada pelas substituição do antigo paradigma fordista pelo novo paradigma da especialização flexível da produção.

Como a globalização vai levando a racionalidade do mercado a se expandir sobre âmbitos não especificados economicamente, as fronteiras entre o público e o privado tendem a se esfumaçar, e os critérios de eficiência e produtividade a prevalecer às custas de critérios sociais politicamente negociados na democracia representativa. Paralelo a isto, verificamos fortificar-se o grupo de excluídos social e economicamente, formando uma vasta gama de sujeitos fragilizados em seus direitos mínimos e individuais, situados à margem do mercado formal de emprego, tornando-se supérfluos no âmbito do paradigma econômico vigente, passando assim a viver em um estado bestializado de natureza hobbesniano - sem leis garantidas em sua universalidade, ficando, assim, à mercê das inúmeras formas de violência física, simbólica ou moral.

Pondera Faria[202] que, procurando inserir-se na dinâmica do processo de globalização da economia e da especialização flexível da produção, os governos latino-americanos vêm promovendo ajustes estruturais que aumentam a fragmentação social, em vez de neutralizá-la; enfraquecem as empresas nacionais, com a abertura das fronteiras econômicas aos fluxos do capital internacional; reduzem as dimensões das plantas industriais como fontes geradoras de emprego, a partir da substituição do paradigma fordista pelo novo paradigma tecnológico-industrial, o que acentua a marginalidade econômica dos segmentos sociais menos organizados.

Um dos exemplos mais gritantes desta realidade pode-se perceber no resultado da reunião da Organização Mundial do Comércio, terminada no dia 13 de dezembro/1996, em Cingapura, atestando o fracasso

---

[202] Faria (1996: p.147).

quase absoluto do Brasil, por exemplo, em querer fazer vingar sua tese de liberalização dos produtos agrícolas na União Européia. Em contrapartida, foi obrigado a assistir calado à liberalização da entrada dos produtos de informática e telecomunicações em toda a América Latina.

Como diz uma das vozes empresariais mais respeitadas no Brasil,

"Para variar, ... ganharam os mais fortes. Tentaram condenar os pobres a ficar mais pobres, os produtores brasileiros continuarão tendo os seus produtos taxados e sobretaxados nos Estados Unidos, Japão e Europa. Foi o resultado da primeira batalha de uma nova guerra - a guerra comercial - uma real ameaça aos países do Terceiro Mundo."[203]

Tal episódio deixa evidente ser impossível contar com a complacência dos países desenvolvidos, confirmando-se a lógica indobrável do capitalismo em garantir e aumentar a concentração de riqueza já existente nas mãos de poucos centros desenvolvidos, não importando o custo de tal modelo de "desenvolvimento".

Diante de uma realidade latino-americana violentada pelo fenômeno denominado "globalização", ao mesmo tempo em que percebemos uma reação ou comportamento por demais tímido - para não dizer totalmente conivente - dos poderes instituídos com seu custo social, constatamos que novos sujeitos políticos vão surgindo no cenário público das cidades e Estados, buscando mediar a carga exacerbada de conflituosidade social gerada, mesmo que seja para atender demandas especialmente localizadas e preocupadas com o atendimento de expectativas básicas da população (água, luz, habitação, etc.).

---

[203] Moraes (1996: p. 2).

Frente a tais comportamentos, institucionais e pessoais, perguntamos com freqüência qual o papel do Estado e fundamentalmente dos operadores jurídicos em geral, sem nos darmos conta, geralmente, de que se encontra impressa no questionamento uma questão preliminar que é: qual o lugar teórico - instrumentos e mecanismos hexegéticos - a partir do qual os juristas vão tratar os problemas e conflitos que exsurgem cada vez mais difusos e coletivos do que individuais na América Latina e em especial no Brasil.

Neste sentido, parece que as grandes gerações dos direitos humanos, aqui consideradas a dos interesses individuais (igualdade formal perante a lei, considerando o sujeito abstratamente); dos interesses sociais, em que o sujeito de direito é visto como inserido no contexto social; dos direitos transindividuais, chamados de coletivos e difusos; os direitos de manipulação genética relacionados à biotecnologia e bioengenharia, direitos de realidade virtual, etc., aumentou o número de bens a ser tutelado e, ao mesmo tempo, o número de sujeitos de direito, ampliando seus *status*[204].

No Brasil, onde sequer os direitos individuais e as liberdades públicas primárias são garantidas à cidadania, os direitos sociais ou coletivos são reduzidos a extremos absolutamente insignificantes, devido à supremacia dos primados econômicos sobre os políticos, o privado prevalace sobre o público, e os novos centros de poder, que aí são gerados, esvaziam paulatinamente os

---

[204] Alerta Faria (1996: p. 150) que a Declaração dos Direitos da ONU de 1948 previu algumas destas gerações de direitos, entre eles, o das liberdades civis, o direito de participar do governo pela representação, e os direitos econômicos e sociais. As duas primeiras eras dos direitos remontam aos séculos XVII e XVIII; a última categoria é do século XX, surgida após a segunda guerra mundial. Os direitos e liberdades civis, o autor as coloca com sendo contra o Estado, reivindicando liberdades individuais que ele não pode invadir. Já os direitos políticos referem-se ao direito de participar do controle do Estado; os direitos econômicos e sociais reclamam benefícios a ser garantidos e oferecidos pelo Estado.

controles democráticos produzidos no âmbito do projeto estatal da modernidade. Sobre tal processo, perfeitamente visível no espaço das cidades, a maior parte dos juristas, por lhes falecerem elementos de informação e formação crítica, calam e mesmo renegam a existência de um conjunto de princípios e regras jurídicas que alcançam e mesmo protegem formalmente aqueles direitos.

De todo o exposto, percebe-se que a ciência jurídica tradicional e seus operadores não estão aptos para dar conta dos ditos novos direitos e novos conflitos, porque, (1) por um lado, centrou a problemática jurídica no âmbito dos Estados-Nação e de suas soberanias, e isto precisa ser relativizado; (2) por outro lado, em nome da democracia e do relativismo valorativo, fundou-se num isolamento disciplinar que hoje não se sustenta, pois os conflitos que o direito tem que dar conta requerem uma visão inter ou transdiciplinar.

É de se frisar, por oportuno, que é latente e inegável, em razão do todo ponderado, a inexistência de um pacto mínimo de sociabilidade diante de tanta exclusão e marginalização social, principalmente no que tange à distribuição de recursos materiais, das penalidades e dos privilégios associados às estratégias de transformação econômica.

Detecta-se com facilidade que os espaços de conflitos se alargam a fronteiras antes inimagináveis pelo próprio Estado, não se limitando apenas ao conteúdo das políticas econômicas, mas refletem-se nas próprias modalidades dos conflitos (coletivos x individuais x difusos, etc.), o que atinge, direta ou indiretamente, os procedimentos, mecanismos e os estilos das decisões governamentais, enfim, alcançando, em especial, o teor das relações Estado-sociedade.

A partir desta ótica, paralelamente à avaliação sobre o tratamento das prerrogativas fundamentais da sociedade contemporânea, é óbvio que resulta totalmente ineficaz a atual prática dos profissionais do direito com vistas à superação de um modelo arbitrário e subjugador.

Em busca de novos paradigmas e pautas de ação política, talvez os direitos humanos de todas as gerações possíveis e imagináveis, entre eles o direito de um meio ambiente e de uma cidade sadia e justa, sirvam como um novo paradigma à constituição de um pacto associativo que preserve e releve valores como a democracia, o pluralismo jurídico, a igualdade e a justiça social. Como alerta Faria[205]:

> "Nas sociedades divididas em classes e num mundo dividido em nações pobres e países ricos, os direitos humanos, encarados numa perspectiva essencialmente política, ou seja, como promessa emancipatória ou como palavra de ordem libertária, significam uma ameaça à ordem estabelecida."

Significa dizer da premência em emancipar estes direitos fundamentais das concepções meramente jurisdicistas, em favor de práticas políticas comprometidas: (1) com a reconstrução ética dos vínculos sociais; (2) com a condição de dignidade humana a ser incorporada no universo normativo-constitucional; (3) com a desalienação técnica das rotinas gerenciais da política; (4) com a substituição dos cidadãos - servos - os sujeitos formais de direito que não dispõe de poder substantivo - por cidadãos plenos[206].

Entretanto, sem cair em expectativas românticas, é preciso reconhecer que a universalização e a efetivação da idéia de Direitos Humanos, por exemplo, requer, tanto um freio no ímpeto da acumulação privada das riquezas quanto uma disciplina bem mais vigorosa dos sistemas abstratos da moeda e do poder econômico,

---

[205] Faria (1996: p.151).

[206] Faria (1996: p.153).

como condição básica de proteção de nosso entorno, desafio que não será alcançado sem uma mediação sólida interventiva, talvez via instituições públicas comprometidas com estas mudanças e pressupostos.

Cada um e todos, assim, devem-se organizar para enfrentar a nova realidade, arcar com os custos sociais, políticos e culturais de sua própria reprodução, sendo esta a lógica do processo; significa reconhecer que o aparecimento de novos e múltiplos modelos de desenvolvimento é uma realidade decorrente do próprio processo de transformação do sistema capitalista e é funcional ao mesmo.

Nestes termos é necessário reconhecer que existe uma vaga possibilidade de a sociedade civil galgar um patamar superior nas suas relações. Seja nas relações entre os homens, destes com a natureza, ou nas relações de poder, há possibilidade de recuperar, mesmo que em parte, a capacidade criativa e inovadora dos indivíduos, e, principalmente, sua participação direta no processo decisório de desenvolvimento local, regional, nacional e internacional.

Para chegar a tal patamar, deve-se pensar em alternativas complementares à democracia representativa que a elevem de uma democracia participada para uma democracia participante. Isto somente será possível através da progressiva combinação da democracia representativa com a democracia direta.

Para isso, é necessário superar dois desafios: reconciliar os diversos aspectos do processo de desenvolvimento social, econômico, político, tecnológico, cultural e ambiental e recuperar a possibilidade de fazer renascer no indivíduo/cidadão a diferença para, a partir dela, constituir uma nova pauta de princípios e valores a servir de fundamento à discussão de um novo espaço público estatal e não-estatal.

Repondo este conteúdo à democracia é repor o caráter subversivo da mesma. Este, além de ser uma tendência, tornou-se uma necessidade do próprio processo democrático em direção à democracia real, social, superando a democracia formal. Abrange, portanto, a transição do cidadão genérico, abstrato, para o cidadão específico, concreto.

Esta transição abriria possibilidade para a transformação qualitativa de um sujeito politicamente passivo, para um sujeito socialmente ativo. Vale ressaltar, no entanto, que não se trata de eliminar a democracia representativa, indireta e dominante; pelo contrário, trata-se de superar os limites, as dificuldades crescentes, interpostas ao processo de democratização crescente, via aprofundamento da própria democracia.

Lutar pela universalização e pela efetivação de tais direitos e pela concretização da previsão constitucional da proteção dos Direitos Humanos significa, para o Brasil, formular, implementar e executar programas emancipatórios no âmbito dessas redes ou configurações de poder anteriormente vistas, cujos valores básicos residem no momento de civilidade - em que se fundamenta a idéia mesma de comunidade.

Este sentimento inaugura uma nova ética, não individualista e prisioneira de um projeto de mundo construído por mônadas laborais, mas a partir de uma ética que poderíamos denominar de solidária ou comunitária[207], fundada, por sua vez, em princípios/vetores inexoráveis, a serem seguidos, dentre outros, pelos operadores jurídicos, como: (1) de que todos somos responsáveis por todos; (2) que é preciso pensar globalmente sim, porém, agir localmente; (3) que só se pode propagar uma idéia (ético-política) vivendo de acordo com ela; (4) que o processo de concretização e proteção dos direitos fundamentais é também o objetivo de sua consolidação definitiva; (5) que os meios de atuação com os direitos humanos sejam tão dignos quanto os fins que

---

[207] Sigo aqui a reflexão teórica de Elias Diaz.(1995).

pretende alcançar; (6) que o que não for feito aqui e agora não cria um outro estado do mundo, que é muito mais futuro do que presente[208].

---

[208] Medina (1994).

Bibliografia

ARENDT, Hannah. *Lições sobre a filosofia política de Kant.* Rio de Janeiro: Relume Dumará. 1993.

————. *Da Violência.* Brasília: Universidade de Brasília. 1987.

ARISTÓTELES. *Ética a Nicômacos.* Brasília:Universidade de Brasília. 1992.

————. *Política.* São Paulo: Martins Fontes. 1991.

BARACHO, José Alfredo de Oliveira. *Direitos e Garantias Fundamentais (Parte Geral) in,* Revista da Faculdade de Direito. Belo Horizonte: Universidade Federal de Minas Gerais. Vol. 33, nº 33.1991.

BASTOS, Celso Ribeiro. *Curso de Direito Constitucional.* São Paulo: Saraiva.1990.

BIGNOTO, Newton. *As fronteiras da ética: Maquiavel.* São Paulo: Companhia das Letras. 1982.

BOBBIO, Norberto. *Dicionário de Política.* Brasília:Universidade de Brasília.1993.

————. *Democrazia, maggioranza e minoranza.* Bologna: Il Mulino. 1981.

————. *L'età dei Diritti.* Milano: Giuffrè.1992.

————. *O Futuro da Democracia.* São Paulo: Paz e Terra. 1989.

BONAVIDES, Paulo. *Do Estado Liberal ao Estado Social.* Rio de Janeiro: Forense. 1980.

————. *A Crise do Legislativo no Brasil.* in *Política e Constituição.* Rio de Janeiro: Forense, 1987.

BORON, Atílio. *Estado, Capitalismo e Democracia na América Latina.* São Paulo: Paz e Terra. 1994.

————. *La rebelión del coro. Estudios sobre la racionalidad política y el sentido común.* Buenos Aires:Nueva Visión. 1989.

BOVEN, Theodor C. Van. *Criterios distintivos de los derechos humanos.* Theodor C. van Boven, *in* Las dimensiones internacionales de los derechos humanos. Barcelona: Serbal/Unesco. 1984.

CAMPOS, Germán Bidart. *Teoría General de los Derechos Humanos.* Buenos Aires: Astrea. 1992.

CANOTILHO, J. J. e MOREIRA, Vital Gomes. *Fundamentos da Constituição*. Coimbra: Coimbra. 1991.

CAPPELLETTI, Mauro. *Formazioni sociali e interessi di gruppo davanti alla giustizia civile*. in Revista di Diritto Processuale, nº 30. Milano: Pandicce, 1975.

CÁRCOVA, Carlos M. *El discreto Encanto de la Democracia*. in Revista Crítica Jurídica, da Universidad Nacional Autónoma de México, nº13. 1993.

CASTORIADIS, Cornelius. *Os Destinos do Totalitarismo*. São Paulo: Brasiliense. 1989.

CENEVIVA, Walter. *Direito Constitucional Brasileiro*. São Paulo: Saraiva. 1991.

CERRONI, Umberto. *Reglas y valores en la democracia*. México: Alianza Editorial. 1991.

CHAUÍ, Marilena. *Cultura e Democracia*. São Paulo: Cortez. 1989.

CLÈVE, Clémerson Merlin. *Temas de Direito Constitucional*. São Paulo: Acadêmica. 1993.

COMPARATO, Fábio. *Direitos Humanos e Estado*. in Direitos Humanos. São Paulo: Brasiliense. 1989.

CORREAS, Óscar. *Crítica da Ideologia Jurídica*. Porto Alegre: Sergio Antonio Fabris Editor. 1995.

CRETELLA JR., José. *Comentários à Constituição de 1988*. Rio de Janeiro: Forense.1990.

DEMO, Pedro. *Cidadania Menor*. São Paulo: Autores Associados. 1995.

DIAZ, Elias. *Estado de Derecho y Sociedad Democrática*. Madrid: Editorial Cuadernos para el Dialogo. 1975.

DICEY,Carl. *Introduction to the study of the law the constitution*. London: MacMillan. 1981.

DINIZ, Maria Helena. *Norma Constitucional e seus efeitos*. São Paulo: Saraiva. 1989.

DORNELLES, João Ricardo. *O que são Direitos Humanos*. São Paulo: Brasiliense. 1989.

DWORKIN, Ronald. *Laws Empire*. Cambridge: Harvard University Press.1986.

ENZENBERGER, Hans Magnus. *Velhas Dívidas, Novas Massas*. in Guerra Civil. São Paulo: Companhia das Letras. 1995.

——. *Abnegação e Autodestruição*. in Guerra Civil. São Paulo: Companhia das Letras. 1995.

ESPIELL, Hector Gross. *Estudios sobre Derechos Humanos*. Madrid: Civitas.1988.

FARIA, José Eduardo. *Retórica Política e Ideologia Democrática*. Rio de Janeiro: Graal. 1984.

———. *Direito e o Estado, in* Crítica do Direito e do Estado. Rio de Janeiro: Graal. 1984.

———. *Mitos e Delitos: os direitos humanos no Brasil. in* Revista Contra-dogmática, nºs 6, 7 e 8. São Paulo: Acadêmica. 1988.

———. *Direitos Humanos, Direitos Sociais e Justiça.* São Paulo:Malheiros. 1994.

FERNANDES, Rubem Cezar. *Privado porém público.* Rio de Janeiro: Dumará. 1994.

FERNÁNDEZ, Eusebio. *Teoría de la justicia y derechos humanos.* Madrid: Debates. 1984.

FERREIRA, Pinto. *Comentários à Constituição Brasileira.* São Paulo: Saraiva. 1991.

FRANCO, Afonso Arinos de Melo. *Curso de Direito Constitucional Brasileiro.* Rio de Janeiro: Forense. 1968.

GALEFFI, Romano. *A Filosofia de Immanuel Kant.* Brasília: Universidade de Brasília. 1986.

GENRO, Tarso. *Utopia Possível.* Porto Alegre: Artes e Ofícios. 1995.

———. "Participação Popular na Administração Pública". Porto Alegre: *Revista da Procuradoria-Geral do Município de Porto Alegre*, v.7.1995.

GIERKE, Otto. *Political theories of the middle age.* Boston: Beacon. 1978.

GÓMEZ, José Maria. *Direitos Humanos e redemocratização no Cone Sul. in* Direitos Humanos: um debate necessário. Vários autores. São Paulo: Brasiliense. 1988.

GRAU, Eros Roberto. *A Ordem Econômica na Constituição de 1988.* São Paulo: Revista dos Tribunais.

HAURIOU, André. *Derecho Constitucional e Instituciones Politicas.* Barcelona: Ariel. 1971.

HEALE, M. J. *A Revolução norte-americana.* São Paulo: Ática.1991.

HELD, David. *Modelos de Democracia.* Belo Horizonte: Paidéia. 1995.

HURTADO, Juan Guillermo Ruiz. *El Estado, El Derecho y el Estado de Derecho.* Colombia: Facultad de Ciencias Jurídicas y Socio-Económicas, Pontificia Universidad Javeriana. 1986.

KANT, Emanuel. *Fondements de la Métaphysique des Moeur.* Paris: Librairie Philosophique J. Vrin. 1992.

———. *Fundamentação da metafísica dos costumes.* São Paulo: Companhia Editora Nacional. 1974.

KELSEN, Hans. *Teoria Pura do Direito.* Coimbra: Arménio Amado. 1984.

———. *Teoria Geral das Normas.* Porto Alegre: Fabris. 1986.

LASK, Emil. *Filosofia do Direito.* Coimbra: Almedina. 1992.

LEAL, Rogério Gesta. *Teoria do Estado: Cidadania e Poder Político na Modernidade.* Porto Alegre: Livraria do Advogado. 1997.

———. *Nicólo Machiavelli e o Príncipe: apontamentos de uma nova leitura. in* Revista *Opinio Jure*. Canoas: Ulbra. 1994.

———. *A proteção jurisdicional dos interesses difusos e coletivos no Brasil. in* Anais do II Encontro Internacional de Direitos Humanos. Buenos Aires: Universidad Nacional de Buenos Aires. 1995.

LEFORT, Claude. *L'Invention Démocratique- Les limites de la domination totalitaire*. Paris: Librairie Arthème Fayard. 1981.

———. *Essais sur le politique - XIX-XX siècles*. Paris: Librairie Arthème Fayard.1984.

———. *Pensando o Político*. São Paulo: Paz e Terra. 1991.

LOPES, José Reinaldo de Lima. *Direitos Humanos, Justiça e Utopia, in* Revista Contradogmáticas, volumes 6-7-8, São Paulo: Acadêmica. 1988.

MANFRED, Albert. *A Grande Revolução Francesa*. Rio de Janeiro: Fulgor. 1987.

MARX, Karl. *A Questão Judaica, in* Obras Escolhidas. São Paulo: Alfa-Ômega. 1985.

MAXIMILIANO, Carlos. *Hermenêutica e Aplicação do Direito*. Rio de Janeiro:Forense. 1992.

MELLO, Celso Antônio Bandeira de. *Elementos de Direito Administrativo*. São Paulo: Revista dos Tribunais. 1990.

———. *O Conteúdo Jurídico do Princípio da Igualdade*. São Paulo: Malheiros. 1993.

MELLO, D. Albuquerque. *Curso de Direito Internacional*. São Paulo: Saraiva. 1990.

MORAIS. José Luis Bolzan de. *Do Direito Social aos Interesses Transindividuais*. Porto Alegre: Livraria do Advogado.1996.

——— e CADEMARTORI, Sergio U. *Liberalismo e Função do Estado nas Relações de Produção*. Revista Seqüência. Florianópolis: Universidade Federal de Santa Catarina. 1992.

NEGT, Oskar. *Dialética e História*. Porto Alegre: Movimento. 1984.

NETO, Pedro Vidal. *Estado de Direito*. São Paulo: LTr. 1979.

NINO, Carlos Santiago. *Ética y derechos humanos*. Buenos Aires: Astrea.1989.

———. *Introducción al análisis del derecho*. Buenos Aires: Astrea. 1993.

OLIVEIRA JR., José Alcebíades de. *Uma concepção jusfilosófica do conceito de cidadania. in* América Latina: cidadania, desenvolvimento e Estado. Porto Alegre: Livraria do Advogado. 1996.

PADILLA, Miguel M. *Lecciones sobre derechos humanos y garantías*. Buenos Aires: Abeledo Perrot. 1993.

PASCAL, George. *O Pensamento de Kant*. Rio de Janeiro: Vozes. 1983.

PÊPE, Albano Marcos Bastos. *Direitos Humanos, violência e cidadania. in* Revista Contradogmáticas, volumes 6-7-8. São Paulo: Acadêmica. 1988.

PINHEIRO, Paulo Sérgio. *Direitos Humanos e Constituinte. in Constituição & Constituinte.* Brasília: Universidade de Brasília. 1987.

PIOVESAN. Flávia. *Direitos Humanos e o Direito Constitucional Internacional.* São Paulo: Max Limonad. 1996.

POGGI, Gianfranco. *A Evolução do Estado Moderno.* Rio de Janeiro: Zahar Editores, 1981.

PORTANTIERO, Juan Carlos. *A Democratização do Estado. in* Filosofia Política nº4. Porto Alegre: UFRGS. 1987.

PRADE, Péricles. *Conceito de Interesses Difusos.* São Paulo: Revista dos Tribunais, 1987.

RADBRUCH, Gustav. *Filosofia do Direito.* Coimbra:Arménio Amado. 1979.

ROSS, Alf. *On Law and Justice.* Londres: Stevens and Sons Limited. 1988.

ROUQUIÉ, Alain. *L'Etat militaire en Amérique Latine.* Paris: Seuil. 1982.

ROUSSEAU, Jean J. *O Contrato Social.* São Paulo: Abril Cultural. 1988.

RUSSO, Eduardo Ángel. *Derechos Humanos y Garantías.* Buenos Aires: Editorial Plus Ultra.1992.

———. *Los Derechos Humanos como resistencia al nuevo orden. in* Contradogmáticas. nº 9. São Paulo: Acadêmica. 1991.

———. *Teoría General del Derecho.* Buenos Aires: Abeledo-Perrot. 1996.

RUSSOMANO, Rosah . *Curso de Direito Constitucional.* Rio de Janeiro: Freitas Bastos.1978.

SANTOS, Boaventura de Souza. *Pela mão de Alice - o social e o político na pós-modernidade.* São Paulo: Cortez. 1995.

———. *Estado e o direito na transição pós-moderna para um novo senso comum.* in Revista Humanidades. Brasília: UNB. 1991.

SARTORI, Giovanni. *Teoría de la democracia, 2. Los problemas clásicos.* Buenos Aires: Rei. 1987.

SILVA, José Afonso da. *Curso de Direito Constitucional Positivo.* São Paulo: Malheiros. 1992.

SCHIMITT, Carl. *Teoría de la Constitución.* Madrid: Alianza Editorial,1982.

SINGER, Paul. *Direito, Economia e Mudança Social. in* Direito e Democracia . Florianópolis: Letras Contemporâneas.1996.

SZABO, Imre. *Fundamentos históricos de los derechos humanos.* Barcelona: Serbal/Unesco, Volume 1. 1984.

TELLES, Vera. *Sociedade Civil e a construção de espaços públicos. in* Anos 90 - Sociedade e Política no Brasil. São Paulo: Brasiliense. 1994.

TERRÉ, François. *La crise de la loi*. Paris: Archives de Philosophie du Droit. Tomo 25. 1980.

TRAVESSO, Juan Antonio. *Historia de los derechos humanos y garantías*. Buenos Aires: Heliasta, S.R.L. 1993.

VÁRIOS AUTORES. *Brasil: Nunca Mais*. Publicado pela Arquidiocese de São Paulo. Rio de Janeiro: Vozes. 1985.

VASAK. Karel, *Fundamentos históricos de los derechos humanos*. Barcelona: Serbal/Unesco, Volume 1. 1984.

VERDOODT, Antoain. *Naissance et signification de la Declaration universelle des droits de l'homme*. Paris: Louvain. 1973.

VIEHEG, Theodor. *Tópica y Jurisprudencia*. Madrid:Taurus. 1984.

WARAT, Gisela B. *Los derechos humanos en una práctica democrática*. in Revista Contradogmática, nºs 6, 7 e 8. São Paulo: Acadêmica. 1988.

WARAT, Luis Alberto. *A Pureza do Poder*. Florianópolis: Universidade Federal de Santa Catarina. 1983.

——. *Fobia al Estado de Derecho*. in Anais do Curso de Pós-graduação em Direito, Universidade Integrada do Alto Uruguais e Missões - URI. 1994.

WEBER, Max. *Economía y Sociedad*. México: Fondo de Cultura Económica. 1983.

WEFORT, Francisco. *Por que democracia?* São Paulo: Brasiliense. 1984.

WOLKMER, Antônio Carlos. *Constitucionalismo e Direitos Sociais no Brasil*. São Paulo: Acadêmica. 1989.